JN055280

社内新規事業コンパス

イノベーションを起こすための [リレーショナルスタートアップ] の技法

大槻貴志

技術評論社

まえがき

新規事業の中毒者

　私は自分のことを「新規事業の中毒者」と名乗っています。成功者ということではなく、むしろ失敗経験のほうが多いのですが、失敗して痛い目にあっても、それでもまた新規事業をやりたい気持ちがいつも沸いてくるのです。

　なぜ、これほど新規事業にとりつかれているのかというと、まだ誰も経験したことのない製品・サービスを世の中に創造できるという喜びにつきます。クリエイティブで芸術的とも言え、自分が信じた道を表現できる喜びは何ものにも代えがたいのです。難解な脱出ゲームを解くようなもので、解いたときの達成感はとてつもなく大きいのです。

新規事業に対する大きな勘違い

　私は、事業計画書についてマスターすれば新規事業は立ち上がると思っていました。大学では財務会計と管理会計を学び、企業経営の知識を詰め込みました。しかし、経営に関する知識をいくら学んでも新規事業は上手く立ち上がりません。なぜ失敗ばかりするのか悩む日々を過ごしました。

　そして、多くの失敗をしたからこそ、どうやったら新規事業で成功できるのか研究する日々が始まりました。

　成功した方々へのインタビュー、講演、書籍、メディアと多くの事例を集めました。この本のカバーには「500社以上の事例研究」と書いてありますが、ニュースなどの事例も含めると1,000社を超えます。

　新規事業に関するフレームワーク（理論）をワークショップで体験し、自分自身も実験台になり研究を重ねました。

　長年の研究から見えてきたのは、変化が大きい新規事業では、事前に立てた事業戦略は全く役に立たないという事実。そして、理屈や数字よりも、人間というドロ臭い要素が、新規事業では大きな影響を与えることがわかってきました。数字よりも、人の気持ちのほうが重要だったのです。

　私は「新規事業の中毒者」という顔だけでなく、ゲシュタルト療法士という心理療法家の顔も持っています。カウンセラーになりたくて学んでいたのでは

なく、人間心理について学ぶことが楽しいからという理由で心理学や心理療法を20年以上トレーニングし続けています。それが新規事業のカギとなる、人の心理と結び付いたのです。

人との関係構築を重視しながら新規事業を立ち上げていこうという「リレーショナルスタートアップ」の考え方が生まれた瞬間でした。

社内新規事業に関わるすべての人のために

この本は、これから社内新規事業を立ち上げたいと思っている方、既に任されている方、そして新規事業をサポートする経営者、管理職の方々を意識して書いています。

私は普段、法人の支援だけでなく、これから起業したい個人も対象にサービスを提供しています。起業と比較したとき、社内新規事業に従事している方が社内政治にからめとられ、プレッシャーに押し潰されて苦しんでいる様子を何度も目の当たりにしてきました。

サポートする側も、任せた当人をどうサポートしたらいいのかわからないケースが多く見受けられます。特に創業社長の場合は、自分はできたのになぜ部下はできないのか理解できないケースがあります。大企業においても、社内新規事業を成功させた人材が少ないために、上手にコーチできる人がいないことが発生しています。

こうなると、任された担当者は社内に適切なアドバイスをしてくれる人がおらず苦しむしかありません。

この本は、新規事業立ち上げ途中で迷子になってしまい、次に何をしたらいいのかわからないときに道しるべとなることを目指しました。

迷ったときにはコンパスのようにどの方向に行くべきかを指し示します。そして何をしたら解決できるのか、あなたを導くはずです。

挫折しそうになったとき、前に進む勇気が得られたら幸いです。

人間性中心の事業創造

この本では、どのように儲けるかよりも、どのように関わる人たちが満足できる事業を作れるのか、ということに焦点を当てました。

せっかく新しいことにチャレンジするわけですから、嫌なことをガマンし

て、辛い思いをしながら新規事業を立ち上げるようでは楽しくありません。儲かっても社会から叩かれるようでは辛くなるばかりです。

　苦行とせず楽しく新規事業に取り組むことができれば、何度でもチャレンジしたくなります。この本にはそのエッセンスをまとめています。

　もう1つのテーマが、技術力をどう新規事業に活かすかということです。

　私はかつて、NASAやアップルで働いていたエンジニアを自社に引き入れる機会に恵まれました。そのときは優秀なエンジニアさえ入社すれば新規事業は立ち上がると信じていたのですが、現実はそんなに甘くありませんでした。

　問題はエンジニアではなく、そもそもの顧客ニーズを全く見ずに事業アイデアを考えていた私にありました。

　これは多くの日本メーカーでも見受けられることで、技術力さえあれば他社に負けない事業が作れると信じている方が多くいらっしゃいます。現実は私の例のように、「技術力＝新規事業」とはならないのです。関わる「人」について意識する必要があります。

　せっかく優秀なエンジニアがいるにもかかわらず、新規事業が立ち上がらないのは宝の持ち腐れです。既にある技術力をどう新規事業に活かすのか、社内新規事業で特有の観点を解説していきます。

盛り込めなかった要素

　ページの都合上、ビジネスモデル、資金調達、マーケティングという要素はこの本にはほとんど入っていません。

　また、新規事業では必ずネックとなるチーム作りについても書きたいことは山ほどありましたが、こちらもカットせざるを得ませんでした。

　すべてについて書くことはできませんでしたが、新規事業にどういったアクションが必要なのか、という点については網羅的に書いてあります。これらを参考に、何について知っておかなくてはいけないのかヒントを得て、他の書籍なども参考にしていただけたら幸いです。

　新規事業に一度失敗したからといって落ち込んでおしまいにせず、何度も再チャレンジしてください。経験値が増すほど新規事業への能力が上がっていきます。この本によって新規事業へのエネルギーが沸いてくることを願っています。

顧客体験のカギとなるUI
顧客は自分が求める顧客体験を知らない
顧客レンズによって顧客に焦点を絞り、ひたすら顧客を観察する

Chapter 2 「人」との関係を意識しながら立ち上げる リレーショナルスタートアップ

Chapter 3 新規事業立ち上げのための思考変革

Chapter

4 新規事業の立ち上げ方
技術編

Chapter 5 新規事業 立ち上げマニュアル

技術力が
テック系新規事業を
滅ぼす

「技術力があれば他社に勝てる」は、かつての神話とは言い切れません。

なぜなら社内新規事業に限らず、起業家にもこの神話がいまだに浸透しており、技術先行でビジネスを立ち上げようとするケースが多々見られるからです。

日本で新規事業がなかなか育たない大きな要因として、この「技術神話」があります。そこで、Chapter1では技術力が新規事業においてマイナス要因になるケースを紹介しながら、テック系新規事業に欠かせない"顧客レンズ"について説明します。

日本企業の勝ちパターン神話が新規事業創出を鈍らせる

他社との競争において技術力は大事な要素となっています。ところが、日本は世界でトップ3に入るほどの特許出願件数を出しているにもかかわらず、GAFAと呼ばれる米国IT大手企業に時価総額で大きく遅れを取っています。

これまで垂直統合型のビジネスモデルで稼いできた日本企業は、水平分業型さらにサービス化の時代において、顧客の価値観変化に応じた新規事業が求められています。Chapter1-1ではそうした現状について述べることにします。

日本のメーカーを支えてきた勝ちパターンを振り返って

かつて、日本のメーカーは世界に先駆けて独自技術を開発し、製品化を行い、大量生産で一気にシェアを獲得することがお家芸でした。

その勝ちパターンを支えてきたのは、生産技術であり、品質が高く、しかも早く安く作ことができる、いわゆる「もの作り」の技術だったと言えます。

各メーカーは、研究部門で開発された製品を、製造部門が大量生産化できるように設計し直し、工場では日々改善活動が行われ、製品に不具合があればすぐに新しい製造部品に差し替えるなど、大量に優れた製品を作り出すことにしのぎを削りました。

かつて私が勤めていたキヤノンでは、製品をより高品質化するスピードが極めて早く、数カ月経つと当初の製品と中身が全く異なる製品が出来上がっていました。

したがって、あとになればなるほどいい製品になることを知っている身としては、出たばかりの新製品の購入を控えるようにしていたものです。

このような時代は、他社よりも優れた技術があれば勝てた時代で、研究開発から製造、販売まで一貫して自社で行う、いわゆる「垂直統合型」が日本メーカーの強みでもありました。

しかし、垂直統合型においては研究開発部門が優先され、上位に立つという現実があって、「研究開発→製造→マーケティング→流通」というヒエラル

キーがもたらされていた点は見逃せません。

　例えば、研究開発部門から新製品の製造指示が製造部門にきた場合、現場の工場では「これは作れるのか?」と思っても、指示どおりの製品を作るしかなく、販売部門は製造部門が作った製品について「これは売れるのか?」と思っても、とにかく在庫を増やさないために売るしかないという状況があったわけです。

　つまり、このヒエラルキーが当然のことのように定着していたため、下位部門は上位部門に文句を言えず、下位から上位へと情報が流れていくことはほとんどなく、顧客と接する最前線、つまり市場で今、何が起きているのかという、極めて重要な市場動向が研究開発部門に届くことはまれでした。

　とはいえ、研究開発部門は特許取得に懸命だったと言えます。特に1980年代から加熱した日米の特許紛争から、特許がより注目されるようになり、そうした中、アメリカにおける出願特許ランキングを見ると、キヤノンが常に企業別の出願特許件数でベスト3の上位に入っています(米国特許商標庁における2020年度企業ランキング)。

　さらに世界知的所有権機関(WIPO)における日本の特許権の総数は、

国別国際特許出願件数ランキング

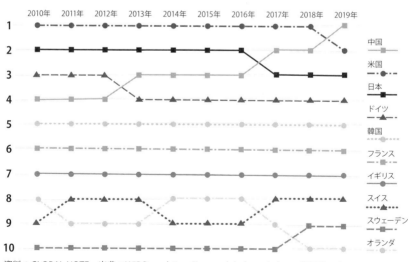

資料:GLOBAL NOTE　出典:WIPO　https://www.globalnote.jp/post-5380.html

2016年までアメリカに次いで2位を維持していました。近年、中国に抜かれたとはいえ、全世界において日本企業の特許における国際競争力は非常に高いと言えます。

しかし、それだけ多くの特許件数を取得しているのであれば、日本においてもアップルやグーグルのようなイノベーションを起こす事業が起きてもいいはずなのに、現状はそうなっていません。

キヤノンについても、それだけ特許件数を取得しているのであれば、新規事業が多く生まれていてもいいはずなのに、実際には今でも20年前と変わらず事務機器関連やカメラ事業がメイン事業となっています。

これが何を物語っているのかというと、特許はビジネスの防衛に役立つものの、必ずしも新規事業にはつながらないということです。

それでも、特許取得という目標に向かって独自の技術を開発し、自社の優位性を保つという神話が作り上げられてきたわけで、キヤノンのバブルジェット方式インクジェットプリンターの開発は、その端的な例です。

今や家庭用プリンターの代名詞となりつつあるバブルジェット方式インクジェットプリンター（正確にはエプソンのプリンターとは方式が違います）は、従来のレーザープリンターに比べて一気に小型化することができ、価格も大きく下げることに成功し、キヤノンに大きなビジネスチャンスをもたらしました。

ちなみに私が伝え聞いた話では、キヤノンの技術者がたまたま熱したハンダコテを注射器に触れたところ、針の先から液体が発射されたのを見て、そこからバブルジェットの概念を思いついたそうです。つまり、液体の沸騰現象がインクの噴出装置に応用され、バブルジェット方式インクジェットプリンターという製品が生まれたわけです。

「新しい技術の発見→製品への応用方法を考える→製品化→販売」

この一連の流れが垂直統合型では一般的で、垂直統合型の時代においては多くの場合、研究開発部門でイノベーションが起きていたのです。

アップルの「iPhoneはどこ製でもいい」という姿勢が功を奏した

垂直統合型の時代は技術を守ることが重要であり、少しでも技術が競合他

社に漏れることを恐れ、すべて社内で自己完結されることが求められていました。現在のように、ライバル同士が技術提携するということは皆無でしたし、傘下の下請け企業への委託はあっても製造を外部に丸投げするということはあり得ない話でした。

一方、iPhoneを販売しているアップルを例に挙げれば、同社は自社工場を持つことなく、製造を完全に海外企業に委託し、「水平分業型」のビジネスを展開してきました。

アップルからすれば、自社が求める品質を提供できるのであれば、中国製でも、韓国製でも、日本製でも構わないわけで、自社工場の運営にエネルギーを使わない分、マーケティングやサービスに注力できると判断したわけで、水平分業型の事業展開が功を奏しています。

日本のメーカーは優秀な技術者を多く抱え、製造技術も非常に高かったので、かえって開発部門と製造部門を分けることが困難だったという面は否めません。

垂直統合型で多くのメリットを享受してきた日本メーカーは「川上から川下へ」という企業文化が根強く、水平分業型のビジネスモデルへと移行するのは容易ではありませんでした。そのために、例えば東芝などの大手家電メーカーが、中国系企業にいくつもの事業部門を買収されていくことになったのは周知のとおりです。

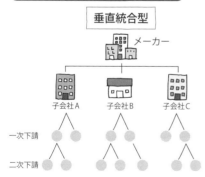

「垂直統合型」と「水平分業型」

垂直統合型

垂直統合型は川上から川下へと1つの企業、もしくは「系列」の企業で生産。そのために、自社の技術力が勝負を分ける。

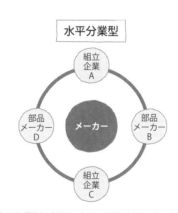

水平分業型

水平分業型は製品に応じて得意分野を持つ企業が集合＆離散。メーカーは作りたい製品に応じて必要な技術を探す。

「もったいない」が新規事業を迷走させる

　垂直統合型で事業展開するメリットは、製造したものがヒットすれば、大量生産によって一気にシェアを獲得し、利益を上げられることです。しかし、市場にとって価値のない製品、つまり需要に結び付かない製品を作ってしまうと在庫の山を抱えることになってしまいます。

　東芝のパソコン事業における不適切会計問題などは悪しき見本で、押し込み販売が横行し、販売部門に多くのしわ寄せがいっていました。

　一方、東京五輪に向けて「もったいない」という言葉が、盛んにアピールされましたが、この言葉を「研究開発したものを無駄にしてはならない」という発想に当てはめると、無理をしても製品を作り続けるということになりかねません。

　また、「こんなの誰が使うの？」と思えるような目新しい製品が発売されることがありますが、私が一番そのように思った製品はシャープの「プラズマクラスターを搭載可能にした複合機」でした。

　プラズマクラスターが優れた空気清浄技術だということはわかっていました。しかし、複写機にその技術を加えることによって、どのような付加価値がもたらされるのかさっぱり理解できませんでした。

　つまり、自社には一貫した製造能力があるのだから、それを稼働させなければもったいないということで、何が何でも製品を作り続ける、出来れば新製品を世に送り出したいという姿勢だけでは、消費に結び付くことにはならないわけです。案の定、この製品を販売した直後にシャープは台湾の鴻海精密工業に買収されてしまいました。

独自技術よりも凡庸技術

　日本のメーカーが独自技術を追い求める姿勢は、既にガラパゴス化していると揶揄されても、垂直統合型で成功した過去の体験がどうしても足かせになり、他社よりも優れた技術を開発すれば勝てるという神話が残ってしまっ

ています。

　ところが、時代は水平分業型、さらにはサービスの多様化へと変化しており、独自技術へのこだわりを捨て、新たなビジネスモデルを作り上げることにエネルギーを注いだ企業が生き残っています。

　2018年度における世界時価総額ランキングのトップ5はアップル、アマゾン・ドット・コム、アルファベット（グーグル）、マイクロソフト、フェイスブックと続きます。

　いずれも新たなビジネスモデルを作り出した企業ばかりで、独自技術で世界を制した企業よりも、新しいビジネスモデルを作り上げた企業が、現在では勝ち組になっています。

　アメリカではライドシェア（乗用車の相乗りの需要をマッチングさせるソーシャルサービスの総称）ビジネスの「Uber」や民泊ビジネスを展開している「Airbnb」など、新しいビジネスモデルが次々に生まれています。

　素晴らしい独自技術を開発できたとしても、市場が受け入れなければ全く意味がありません。むしろ、凡庸技術を組み合わせて他社に勝るビジネスモデルを作るほうが求められていると言えます。

　残念ながら顧客にとっては、「技術の良し悪し」よりも「自分にとって価値があるかどうか」が重要なのです。オープンイノベーション（新技術・新製品の開発に際して、組織の枠組みを越え、広く知識・技術の結集を図ること）という言葉が流行し始めた理由には、そうした背景があるのです。

　したがって、自社技術だけにこだわるのではなく、他社が持っている技術と上手く組み合わせていくほうが、現在では新規事業が立ち上げやすくなっていると認識する必要があります。

時代は水平分業型からサービス多様化へ

　最近「XaaS」という言葉をよく耳にします。

　aaSはas a Serviceの略、Xは数学でよく使われている未知数を表すXで、XにはS（Software as a Service）やP（Platform as a Service）など様々な単語が入ります。

元々、IT業界でサーバーを単体でレンタルしていたものを、使用容量や回線容量などに応じて貸し出すクラウドサービスが盛んになり、XaaSへと広がったと言われています。

　例えば「マイクロソフトオフィス」は以前、パッケージ化されて単体で販売されていましたが、現在は「Microsoft 365」という形でサブスクリプション（製品やサービスなどの一定期間の利用に対して定額料金を支払う方式）で提供されています。毎月定額を払えばクラウドを通してオフィスの最新版が入手できるようになり、仕事の効率化に役立つ他のサービスも一緒に受けることができるようになりました。

　また、アップルも今やスマートフォン販売に次いでApp Storeなどのサービス部門が売上の大きなウエートを占める企業になっています。

　車の世界でも最近「MaaS（Mobility as a Service）」ということが盛んに言われるようになりました。これは車だけでなく電車やバスなどの交通機関をすべてつなぎ、移動に関するサービスを提供しようという動きで、トヨタはこの分野においてNTTと提携し、サービスを提供するプラットフォームになろうとしています。

　このように時代が「水平分業型からサービス多様化へ」と変革していることに、注視しておく必要はあります。

顧客の価値観の変化がサービス化の時代を作る

　XaaSがビジネスモデルの主流になってきた理由は、顧客の価値観が所有からサービスの享受（体験）へと変わってきたからです。最近では「モノよりもコト（体験）」と言われるようになってきました。

　以前であれば購入したことで満足が得られていたものの、顧客は購入後のことも考えるようになり、むしろ購入後の満足度が重要視されるようになっています。

　したがって、サービス化の時代においては、完璧なものを最初から提供するのではなく、製品を提供しながら随時、製品のグレードアップを図っていくことが重要になります。つまり、技術を完成させてから販売するのではな

く、サービスを提供しながら同時に技術開発をしていくことが求められているわけです。

電気自動車を販売しているアメリカのテスラは、車を販売したあと、ソフトウェアのアップデートという形で、車の使い勝手を日々アップグレードしており、乗っている車は同じでも、乗り心地、使い勝手などが購入後も向上し続けるサービスを提供しています。

サービス化の時代を迎え、多くの企業が販売時にすべてを完結させるのではなく、顧客と付き合いながら収益を上げるように経営方針をシフトしており、その代表格がサブスクリプション（定額制）モデルです。

サブスクリプションとは、雑誌の定期購読が語源となっていて、定期的に顧客から毎月一定額を集めることによって、収益を安定的に向上し続ける方法を指し、携帯電話の通信料などはそのわかりやすい例です。

企業にとっては、販売時に売上を一気に獲得できないというデメリットはあるにしても、一度顧客を囲い込んでしまえば継続的に収益の向上を図れるというメリットがあります。

一方、消費者のほうには一度に大金をはたいて製品を購入するよりも、必要時に少額かつ定額で支払えるというメリットがあります。

ソフトウェア、車、マンガ、洋服さらには飲食店等々、今やあらゆる分野でサブスクリプションサービスが始まっており、新たなビジネスモデルのブームをもたらしています。

「所有」から「体験」へ、顧客の価値観の変化

商品を所有し、資産価値となることが重要であったものが、
商品から得られる体験のほうが求められる時代に！

「技術レンズ」と「顧客レンズ」は新規事業創出の両輪

「他社が真似できない、革新的な技術さえ開発できれば新規事業は立ち上がる」とは一昔前の話。今は顧客ニーズをしっかりつかむことが当たり前の時代です。そうは言っても技術屋はやはり技術の優位性に固執しがちです。ここでは、新規事業の創出に必要な「技術レンズ」と「顧客レンズ」を解説しながら、新規事業において様々な視点が重要であることについて述べます。

技術開発よりも顧客開発を優先する時代に

　時代が水平分業型、サービス化へと移行していった結果、技術開発よりも顧客開発のほうが重要視されるようになっています。

　顧客開発の重要性についてスタートアップ界に大きなインパクトを与えたのは、シリコンバレーの起業家で、スタンフォード大学を始めとして複数の大学で教鞭をとっているスティーブ・ブランクによってでした。スティーブ・ブランクはその著書『アントレプレナーの教科書』（翔泳社、2009年）において「顧客開発モデル」として顧客開発の仕方について紹介しています。

　顧客開発とは、どんな製品を作るかよりも、顧客をよく観察し、顧客のニーズを先に把握するということで、つまり、従来の研究開発を優先した考え方から、マーケティング部門あるいは顧客と接する部門が積極的に製品開発に携わっていくという考えです。

　顧客開発を優先した流れを整理すると、次のようになります。

マーケティング部門（あるいは顧客と接する部門） ➡ **技術開発** ➡ **製　造** ➡ **流　通**

　日本のメーカーでは、顧客のニーズを拾い上げるマーケティング部門を設けていないところも少なくないです。

　キヤノンの場合は、国内販売を目的とするキヤノンマーケティングジャパ

ンという別会社があります。しかし、私がキヤノンで生産数量を決める部署にいたとき、キヤノンマーケティングジャパンから販売数量のデータは上がってきていたものの、顧客が何を求めているのか、そのニーズをつかむための情報は入手できませんでした。

　ということは、「なぜ、Aという製品が売れているのか？」「なぜ、Aが売れていないのか？」という情報がないまま、キヤノンは顧客のニーズを想像しながら製品を生産していたことになります。

　また当時、ある大手時計メーカーの開発部門の方とお会いした際、そのメーカーにおいても、商品開発に先立って、顧客の声をほとんど検討することなく、製品企画をしているという話をうかがった記憶があります。

　マーケティングと言えば、売上数字など、数字を先行しがちです。しかし、顧客開発では数字よりも顧客のニーズを把握することにエネルギーを注ぐべきで、サービス化時代の新規事業においては、顧客の奥底に眠っている声を引き出すことが求められています。

「技術レンズ」だけでは新規事業は起こせない

　Chapter1-1でも述べたとおり、垂直統合型のシステムが功を奏していた時代においては、技術開発の優劣が新規事業の重要なポイントになっていました。

　したがって、より高品質で、より安く、従来にない新技術の開発が求められ、多くの企業が技術開発に焦点を絞っていたわけで、これを私は「技術レンズ」という言葉で定義しています。

　技術レンズが優先されていた時代は、製品を販売してから市場の反応を観察し、初めて顧客の声を把握していました。それは顧客の声にそれほど傾聴しなくても、販売力で市場を獲得することが可能だったためです。

　「販売力」と言うよりも「政治力が強い」と言われていたNECは、官公庁や企業への根回しを通して自社製品を販売していました。

　また、こうした時代では「イノベーションは技術革新によってのみもたらされる」という神話が成り立っていたので、ビジネスモデルによってイノベーションが起きるという観点が抜けていました。

しかし、サービス化の時代へと移行するにつれて、技術レンズだけでは新規事業を起こせなくなっている現実を直視する必要があります。

技術レンズが優先するもの

技術レンズ　　　技術力磨き　　　機能性　デザイン性　価格優位性

技術レンズでは、機能性・デザイン性・価格競争力が求められる。

「顧客レンズ」では顧客のニーズを引き出すことが優先される

顧客開発で行うことは、ターゲットとする顧客に触れながら、顧客のニーズを引き出すことで、顧客に何とか製品を売ろうとするのではなく、顧客と対話しながら顧客中心に考えていくことが大切です。

時には、自分たちで考えたアイデアの間違いに気づくこともあるでしょう。しかし、そうした場合は、いさぎよくそのアイデアを捨てるか修正をして、次のアイデアに進むようにします。

このように顧客とのコミュニケーションに焦点を絞りながら事業を開発していく手法を、私は「顧客レンズ」と定義しています。

顧客レンズにおいて大事なことは、"顧客の真の課題は何か"を見つけることです。単に顧客の要望を聞くのではなく、顧客が解決を必要としていること、困っていることを顧客と対話しながら見出すようにします。

例えば、「あなたは今、どんな服が欲しいですか？」というアンケートに対して、ある女性から「お洒落な登山服が欲しい」という回答があれば、その要望に基づいてお洒落をメインに登山服を開発するのが一般的でしょう。

そうした場合、顧客レンズにおいては、女性が登山する時にウェアに関してどのようなことに困り、どのような要望を持っているのか、様々な角度から探っていきます。デザインはもちろんのこと、通気性、防水・撥水性、収縮性や重さなど、収納や着心地までも考慮して、多くの課題を見つけるよう

にします。

　また、競合する商品を分析することも大切でしょう。競合他社の商品にはない付加価値を見出せれば、それは新商品の魅力になります。

　要は、顧客自身が気づかない課題を探していくのが顧客レンズという手法であり、そこで最も重要になるのが顧客との対話です。

　新規事業を立ち上げる際には、アンケートや統計データなど、多様な数字を分析してアイデアを考えることになります。しかし、市場や顧客に関する分析は、マーケティングにおいて重要な作業であるものの、それは傾向がわかるだけで、顧客の真の課題を見出すことにはつながりません。

　数字は数字でしかなく、生身の人間ではないので、実際に顧客に会い、対話を重ねていくことの大切さを忘れてはならないでしょう。

　垂直統合型の時代は、新規事業に関するアイデアを秘匿し、外部に情報が漏れないようにすることが重要でした。

　一方、顧客レンズにおいては、「そもそもアイデアが間違っているかもしれない」という前提からスタートするので、アイデアの段階から情報をオープンにします。時には、Webでアイデアを公開して意見を求めたり、試作品の段階でユーザーに試してもらい、感想のフィードバックによって改良点を見出します。

　つまり、技術レンズの場合はクローズドな環境で、顧客レンズの場合はオープンな環境で顧客開発が行われていくのです。

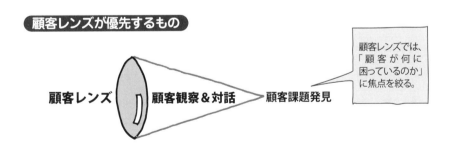

顧客レンズが優先するもの

顧客レンズ　　顧客観察＆対話　　顧客課題発見

顧客レンズでは、「顧客が何に困っているのか」に焦点を絞る。

新規事業には技術レンズと顧客レンズの両方が必要

　新規事業を立ち上げる際には、技術レンズと顧客レンズに優劣はなく、いずれも重要になります。

　技術レンズの段階でどんなに素晴らしい発明品ができたとしても、それを使ってくれるユーザーがいなければ発明は無駄になり、また解決策のない顧客レンズでは顧客のニーズに応えられないということになります。

　例えば、顧客が離島において食料品の配送問題に困っている場合、長距離を自由に移動できるドローン技術を開発すると同時に、その技術でサービス提供するためにスーパーマーケットと顧客とをつなぐ顧客レンズがともなわなければ、事業として成立しません。

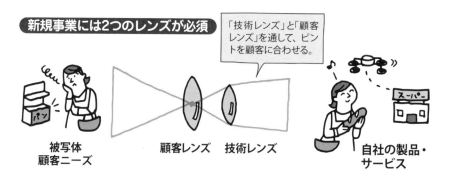

新規事業には2つのレンズが必須

「技術レンズ」と「顧客レンズ」を通して、ピントを顧客に合わせる。

被写体
顧客ニーズ　　　顧客レンズ　技術レンズ　　　自社の製品・
　　　　　　　　　　　　　　　　　　　　　　サービス

　例えば、皆さんがお使いのデジタルカメラは1つのレンズだけで撮影しているわけではありません。複数のレンズが重なり合い、前後に調整しながら被写体にピントを合わせています。iPhoneなども5枚、6枚といったレンズがあの小さいボディの中に入っています。

　同じように、1つのレンズだけで新規事業を立ち上げようとするのではなく、社会のニーズに応えるための「社会レンズ」、上司や投資家の期待に応えるための「ステークホルダーレンズ」、そして何より自分自身に焦点を絞る「自分レンズ」もあります。これら複数のレンズの総称が「スタートアップレンズ」となり、顧客と企業との間で焦点を絞っていきます。そして、複

数のレンズを使いながら焦点を徐々に合わせて事業開発していく手法を、私は「リレーショナルスタートアップ」と定義しています。

　ここで、これら複数のレンズについて説明をすると複雑になりますので、少なくとも、技術レンズと顧客レンズの両方が揃って初めて新規事業として成立することだけは覚えておいてください。リレーショナルスタートアップについてはChapter2以降で詳しくご説明します。

複数のレンズが揃うことにより、新規事業は立ち上がる

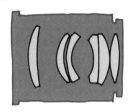

「消せるボールペン」の技術レンズと顧客レンズ

　パイロットから発売された大ヒット商品、消せるボールペンの「フリクションボール」を使っている方は多いと思います。

　その商品開発については、滝田誠一郎著『「消せるボールペン」30年の開発物語』（小学館、2015年）に詳述されており、本書によれば1975年に温度変化によって色が変わるインクを発明したことがスタートになっているそうです。

　当初は、温度によって色が変化するインクの発明には成功したものの、それをどのように製品に活かしたらいいのかがはっきりせず、飲み物を入れると色が変わるコップやマグカップなどのギミック製品に使用する程度でした。

　技術レンズだけで考えると、技術をどのように使えばいいのかというところに関心が集まり、温度変化というところにのみ製品化の糸口を探そうとしがちです。

　実際に色が変化するインクを使用したボールペンも作られましたが、それはペンをこすると色がカラフルに変化するという製品で、ほとんど売上の向

上に結び付かなかったそうです。結局、発明品の特異点のみが注目されるだけに終わっています。

　ボールペンは鉛筆やシャープペンシルとは違い、書いたら簡単に消せないのが特徴であると同時に、間違って書いた箇所が簡単に訂正できないという製品でもあります。

　ヨーロッパの学校教育の現場ではボールペンや万年筆が使われており、修正する時にはインク消しが使われていました。さらにはインク消しを使ったあと、上書きするには専用のペンを用いるので、合計3つの筆記用具が必要でした。

　こうした中、この問題に着目したヨーロッパ駐在のパイロット幹部が、単に色が変化するだけではなく、紙に書かれて定着しているインクを透明にできないかと開発部門に投げかけたそうです。この話は"顧客の真の課題は何か"を見出していく顧客レンズの端的な例と言えるでしょう。

　フリクションボールは1本で、「書く、消す、上書きする」の3つの機能を果たすことができたので、ヨーロッパ中の子供たちの間でヒットしたのを皮切りに、約10年で世界100カ国において20億本近くを販売するメガヒット商品になりました。

　このフリクションボールの事例でもわかるように、今までにないものが発明できたとしても、それを活かせる場面を作らなければ、発明しただけに終わってしまいます。

　つまり、ヨーロッパの子供たちの問題を解決しようと思わなければ、色が変わる面白いペンで終わっていたかもしれないわけで、新規事業を立ち上げるには、技術レンズと顧客レンズのチューニング作業が求められるのです（このあたりの具体的な方法についてはChapter4で述べます）。

　新規事業を立ち上げる際には、技術レンズと顧客レンズ、2つのレンズを通して同じ像が見えるように調整する作業が必要です。どちらかの焦点が合わなかったり、見えていなかったりすると新規事業は成立しません。

　写真撮影では「背景をぼかす」というテクニックがあり、例えばポートレートを撮影するとき、被写体だけをクリアにして背景をぼかすと、味がある写真になります。反面、旅行などで被写体と背景を撮る時に、このテク

ニックを使うと、どの場所で撮影したのかがわからなくなります。被写体と背景、両方に焦点が合っていなければ、旅行の情景を伝えられません。

　両方の焦点を合わせていく作業がチューニング作業であり、特にメーカーで既にイノベーティブな技術を保有している場合には、この作業が重要になります。

新規事業立ち上げの初期は顧客レンズで十分

　技術レンズによる新規事業は、成功すればメガヒット商品になる可能性大ですが、難点は時間がかかることです。

　前述したパイロットのフリクションボールの場合は30年かかり、航空機の主要素材として使われるようになった東レの炭素繊維は、研究が本格化してから40年あまりが経過して実用化されています。

　変化のスピードが速い現在では、じっくり研究してから新規事業を立ち上げているようでは、市場のスピードに追い付けません。

　また、サービスがどんどん多様化する中、顧客が抱えている悩みをいち早く探すところからスタートしなければなりません。

　技術レンズによる取り組みは競合他社に勝つためには欠かせないものの、顧客のニーズが判然としない初期の段階では必要ありません。技術レンズは顧客の課題が見えてきた時になって初めて必要になってきます。

　まずは顧客レンズで新規事業の骨格を作成し、次に技術レンズによって事業の実現性と競合他社への優位性を作ればいいのです。そして、最後に両方を調整しながらスタートアップレンズを完成させます。新規事業の立ち上げ初期は顧客とのコミュニケーションにエネルギーを使う段階なので、技術力をこの段階で磨く必要もないわけです。

　オープンイノベーションが当たり前になってきた現代では、必要な技術が他社にあるのであれば、提携してそれを使えるようにすればいいわけで、製品の開発を外部に委託しても新規事業は実現できるでしょう。

　それよりも、「顧客の課題をどのように解決するのか」という問いに対する答えを見出すほうが先です。

新規事業のタイプによって求められるレンズとは

　新規事業には様々なタイプがあります。しかし、新規事業の立ち上げ方に関する解説書は多数刊行されているものの、そのパターンがあまりにも多いために、新規事業を明確に定義するものは見当たりません。

　これから立ち上げようとする新規事業が、どのようなタイプなのかをまず知ることが、事業を成功させるためのファーストステップとなるので、Chapter1-3では新規事業のタイプについて述べることにします。

新規事業のタイプの分かれ目

　新規事業といっても、各人各様で受け止め方が異なり、また幅が広いのですが、既に自社が販売している製品を改良し、売上アップを図るケースを「既存事業」、自社にとって新たなチャレンジの要素が入っているケースを「新規事業」というように分けます。

　アップルを例に挙げると、ニューバージョンのiPhoneの発売は既存事業、一方今まで市場に出したことがない腕時計型のApple Watchを発売した時は新規事業ということになります。

　新規事業のタイプは、事業成功のためのノウハウ、つまり事業創造ノウハウを誰が保有しているのかで決まります。

　ここで言うノウハウとは、次の4つです。

> ・どのような顧客に対して
> ・どのような製品が必要とされ
> ・どのような販売方法で顧客に届け
> ・どのような形で収益を得るのか

　さらには事業として成立させるために、生産方法、市場への参入方法など

も知っておくことが必要です（本書では、「製品・サービス」は企業が顧客に提供する形がある商品と、無形物であるサービスの両方を指します）。

そして、以上の4つのノウハウに次の3つの条件を当てはめることよって、新規事業をさらに分類することができます。

- ・自社が持っている
- ・他社が持っている
- ・何処も持っていない

新規事業のタイプでノウハウは決まる

新規事業タイプ	事業創造ノウハウ	重要となるレンズ	
		技術レンズ	顧客レンズ
新製品型	自社所有	◎	△
新規参入型	他社所有	○	○
イノベーション型	誰も知らない	△	◎

新規事業は「新製品型」「新規参入型」「イノベーション型」に分かれる

これから立ち上げようとする事業のノウハウを、自社が少しでも保有している場合は「新製品型」となり、自社にノウハウがない状態で、既に他社が立ち上げようとしていた事業を行っている場合には「新規参入型」ということになります。

新製品型の場合は、既にテーマとなっている事業を展開している状態にあって、その事業の更なる拡大のために市場シェアの獲得を狙い、同一市場に新製品を投入し、売上アップを図ります。

従来の事業展開で得たノウハウを元に販路を増やしたり、新店舗の出店を展開したり、基幹製品の周辺製品も取り扱うなど、徐々に規模を拡大するよ

うにします。

　新規参入型の場合は、既に他の事業者が存在しているわけですから、当該事業者を参考にして、自社が立ち上げようとしている事業の可能性を模索し、競合できる付加価値を見出すようにします。

　もちろん、参考にする事業者は国内に限りません。海外企業の成功事例をモデルにして新規事業を立ち上げるということも考えられます。

　さらには、顧客にとって未体験の製品・サービスで、どの事業者も取り組んだことがない事業の場合は「イノベーション型」と言い、その特徴は「何が正解か、誰も知らない」ということです。

　自社の誰に聞いても新規事業の内容はわかりませんし、他社を参考にするわけにもいきません。当然ながら顧客は当初、販売された製品に手を出していいものかどうか、戸惑う状況に陥ります。

　しかし、LINEが日本におけるコミュニケーションプラットフォームを一気に独占できたように、イノベーション型で成功できれば、大きなビジネスに発展する可能性が広がります。ただし、誰も新規事業を成功させるノウハウを持っていない段階からスタートするので、成功する確率は非常に低いと言えます。このように、新規事業ではいくつかのタイプがありますが、本書では主にイノベーション型をメインテーマとして書いています。

新製品型の場合は技術レンズが重要になる

　新製品型の場合は、自社のブランド力によって顧客に販売することができます。同時に、従来の事業展開から顧客のニーズをつかむためのデータを得ることもできます。

　つまり、新製品型の場合は顧客レンズについて、ある程度クリアしている状態でスタートできるわけですが、顧客は手にした製品の延長線上にサービスの付加を期待するので、その要求を満たすためには技術レンズがとても重要になってきます。

　トヨタのハイブリッド車「プリウス」を例に挙げれば、新たなエンジン開発を行い、従来にない低燃費の車を実現しました。製造から販売までのノウ

ハウを持ち合わせているトヨタにとって、このハイブリッド車の開発・製造というプロセスは新しいチャレンジでした。

私も実際にプリウスを運転してみて、ガソリンをほとんど気にせずに走行できたことが印象に残っています。

また、医薬品業界の新薬開発なども新製品型のタイプに入ります。各メーカーは競ってガンの特効薬を開発するなど、新薬の開発に懸命に取り組んでいます。

しかし、新製品型とはいえ、ベースになる技術が変化して、顧客のニーズへの合わせ方が変化する場合には、イノベーション型に近くなるので注意が必要です。

例えば、トヨタが開発している水素自動車の「MIRAI」は燃料の充塡方式がこれまでと異なり、一般的なガソリンスタンドは利用できないので、顧客にとって従来の車とは全く違う製品として受け取られます。

新製品型の利点は、顧客のニーズを既存ビジネスの展開でつかんでいることです。販売チャネルなども確保していますから、マーケティングに関しては、他のタイプに比べてあまり苦労することはありません。

したがって、新製品型は新規事業を立ち上げる際、一番成功しやすいタイプと言っていいでしょう。

新規参入型の場合は技術レンズと顧客レンズの両方が重要

新規参入型の場合は、競合他社に勝つ技術レンズ、そして他社の顧客を引き寄せるための顧客レンズの両方が求められます。

新規参入型は、当然、ライバル企業を意識することになり、「顧客が自社の製品に乗り換えるかどうか」が勝敗を決定付けることになります。

そこで、ライバル企業の製品と比較して、価格、機能、サービスなどの面で自社の製品のほうが勝っているか否かを検討する上で、技術レンズが非常に重要になります。

要は、ライバル企業のみならず、他社が真似できない製品を作れば勝てるわけで、より低コストで作る技術、より高い性能のハードウェア、より良い

サービス等々を提供するためには、他社にはない技術力、教育ノウハウ（マクドナルドの場合はスピード）、営業ノウハウ、マーケティングノウハウなどがカギになります。

また、他社の顧客を引き寄せるためには顧客レンズも求められます。他社製品で顧客が不満に思っていることを探り、他社では解決されなかった顧客の不満を解消する必要があります。

顧客の観点から考えれば、購入したことがある企業製品に安心感があるのは当然のことです。一方、新規参入型の場合、まだ企業と顧客との関係がない状態ですから、顧客を知り、顧客との対話を通して、自社製品に乗り換えてもらえるだけの理由付けを顧客に与える必要があります。

新規参入型で新規事業を成功させるための一番の近道は、新規事業のノウハウを如何に早く手に入れられるかということです。

例えば、他社の人材をヘッドハンティングしたり、他社を事業買収するなど、様々なケースがあります。

ソフトバンクが携帯電話事業に新規参入した際、お金のリスクよりも、一から事業を立ち上げるリスクのほうが遥かに大きいと判断し、自前で技術開発を行うことなく、2兆円近くを拠出してVodafoneを買収したのは有名な話です。

一方で、三菱重工業は航空機産業へ参入するにあたり、自前主義を貫いた結果、開発凍結に至ったニュースは皆さんの記憶にも残っているでしょう。途中で他社の小型機事業を買収したり、エンジニアをヘッドハンティングするなどしましたが、遅きに失しました。

新規参入型の場合は、他社の真似をして新規事業をスタートさせることができるので、一見してスタートしやすいように見えますが、非常に激しい競争を勝ち抜かなければならないというハードな戦いが、その先に待っています。そのため、技術力や資金力に余裕がなければなかなか難しいとも言えます。

顧客レンズが何より求められるイノベーション型

新規事業を立ち上げる際に成功する確率が一番低いのがイノベーション型

です。

このタイプの場合は自社他社、いずれにとっても未経験の領域であることから、顧客の本当のニーズがつかめないうちにビジネスを起こそうとするケースが多く、困難なリスクがともないます。

とはいえ、成功すれば世の中に大きなインパクトを与えることができるので、他の新規事業に比べて最もやりがいのあるタイプだとも言えます。

今や知らない人はいないiPhone、世界で初めて高級セダンのEV（電気自動車）を販売しているテスラ、紙パックを必要としない掃除機を開発したダイソン……、いずもエキサイティングであり、世の中に大変革をもたらすようなビジネスは、新規事業を立ち上げようとする人にとって憧れの対象でもあります。

イノベーションというと、技術が何よりも重要だと思われるかもしれませんが、実は技術レンズよりも顧客レンズを重要視しなければなりません。

なぜなら、顧客は製品に使われている技術よりも、その製品が本当に自分のニーズに叶っているかどうかを、製品購入の判断基準とするからです。

アメリカのUberというライドシェアリングサービスを提供する最大手をご存知の方は多いと思いますが、東南アジアではGrabというライドシェアのサービス会社が多くのシェアを占めています。

私がマレーシアに行った際、知り合いからGrabを勧められたものの、既にタクシーに馴染みがあり、安心感もあったので、しばらくの間Grabを利用するかどうか悩みました。それでも一度利用したところ、手放せないサービスになりました。

イノベーション型の場合は、最初の段階で「顧客に選択してもらう」というハードルを乗り越えられないと前に進みません。したがって、顧客に選択してもらうためには、技術力よりも顧客とのコミュニケーションのほうが重要になるのです。

また、新しく技術開発をしなくても新規事業の立ち上げを可能にするのがイノベーション型の特徴です。その理由は、顧客が求めているものを見出せれば既存の技術やノウハウを活用することができるからです。

駐車場のシェアリングサービスを提供して会員数が200万人（2020年10

月時点）を超え、上場を果たしているakippaは、当初、エンジニアが1人も社内にいない状態で事業を立ち上げています。これは自社に独自の技術やノウハウがなくても、顧客のニーズを叶えれば、新規事業の立ち上げを可能にする好例と言えます。

　反面、イノベーション型の場合、新規事業のアイデアを誰かに伝えた時に、批判を受ける可能性は高いです。

　従来、そのアイデアによって成功した事例はないわけですから、アイデアを受け止める側としては、「それは無理だ」とか「無茶だ」と思うのは自然な成り行きで、アイデアが飛び抜けていればいるほど「クレイジー」だと言われかねません。

　スティーブ・ジョブズは現在も「天才」と評されていますが、周囲の人は彼の飛び抜けた言動についていけず、創業者でありながらアップルを追い出されてしまった話は有名です。

　つまり、イノベーション型の場合は、どれだけ批判されてもやり抜く覚悟が求められるとはいえ、意固地になって突き進んでしまうと大きなリスクが生じます。

　イノベーション型は新規事業を立ち上げる前に、「顧客がどのような理由で、どのような製品やサービスを、どのような形で求めているのか」をしっかり把握しておく必要があります。

　顧客のニーズを理解し、顧客のための製品開発の理由を説明できるようになれば、社内で批判を受けることもなく、批判していた人でさえ協力してくれるようになるはずです。

　せっかく開発した新製品を無駄にしないためにも、新規事業の開始前から顧客との対話は欠かせません。

顧客レンズによって
顧客体験を創造する

　顧客は、ある単一な製品・サービスそのものが持つ価値に加えて、製品・サービスに接する際、総合的な印象や体験を求めます。これを顧客が製品・サービスを入手したあとにどのような体験を得られるかという意味で「顧客体験」と言います。顧客体験は、顧客と企業の長期的な関係の上に成り立ち、企業のブランドイメージ、アフターサービスなども含まれます。
　新規事業を立ち上げる際には、この顧客体験を創造することが重要になるので、Chapter1-4ではスタートアップレンズの有効性について説明します。

顧客は、製品・サービスがもたらす顧客体験を求めている

　ここしばらくの間にカスタマー・エクスペリエンス（Customer Experience）という言葉を耳にするようになりましたが、意味を理解できず、どのようにマーケティングに活用すべきか、と悩む方も多いようです。

　カスタマー・エクスペリエンスとは「顧客経験価値」のことで「顧客体験」と同じ意味にとらえていいでしょう。顧客経験価値の"価値"は、製品・サービス自体の金銭的・物質的な価値ではなく、顧客がそれを使用した際の満足感、あるいは効果などの心理的・感覚的な価値を指します。

　例えばスポーツカーであれば、「車の格好良さを他人に見せびらかして、うらやましがられたい」という顧客の欲求が購入動機に含まれるかもしれません。また、コーヒーであれば、「コーヒーによってリラックスしたい」という顧客の期待があるかもしれません。そうした顧客の欲求や期待を満たすものが、すなわち顧客経験価値あるいは顧客体験です。

　SNS上では、日々、ユーザーが様々なアプリを使って、大量の情報をアップしています。当然、アプリを使うためだけに、SNSに情報をアップするユーザーはいません。

　SNSのユーザーは、情報をSNS上にアップすることによって、友人や知人の共感を得ることや、不特定多数の人に影響を及ぼすことを期待しており、要はSNSアプリの利用を通して顧客体験を求めています。

企業もまた、例えばオフィス機器の購入を担当する人は、コピー機、会議用プロジェクターなどの購入を決める際、それらを購入することによって社員のストレスが軽減されるとか、強いては売上アップにつながる、というような何らかの顧客体験を求めているものです。

　したがって、新規事業を立ち上げる際には、「どのような製品・サービスを提供するのか」ということよりも、「顧客がどのような体験を求めているのか」を優先して考えるべきです。

　技術レンズの手法に依存していると、どうしても製品・サービスのスペックに目がいきがちですが、顧客がどのような体験を求めているのかを探るには、顧客レンズによって顧客に焦点を絞ることが重要です。

顧客体験を知ることよりも技術力を競いたくなるエンジニア

　シリコンバレーに拠点を置き、世界60カ国2400社以上（2020年7月時点）に投資実績を持つベンチャーキャピタル、500スタートアップ（500 Startups）社の共同経営者であったデイブ・マクルーア（Dave McClure）氏は、既にセクハラ問題で経営から退いていますが、かつて「UX, not code」というメッセージを起業家に送っています。UXとはユーザーエクスペリエンスの略で、顧客が製品・サービスを使用した際に得られる経験のことを指します。いくつものユーザーエクスペリエンスが重なり顧客体験となります。

　codeとはITの世界におけるプログラミングの表現規則のことを指し、このメッセージの意味合いは「プログラムの裏側で動いている言語の美しさよりも、顧客体験を重視しなさい」ということです。

　以前、私があるプログラマーの方と仕事をしていた時に、新製品に関するコードについて、彼から「このコードの書き方は他のプログラマーはまだやったことがない、最先端の書き方です」というエンジニアならではの説明を受けたことがあります。

　プログラミングの世界ではコードをわかりやすく、美しく書いているかどうかが評価ポイントの1つになっているとはいえ、顧客からすれば、プログラマーがどのようなコードを組み立てたのかはどうでもいいことです。

　エンジニアであるプログラマーとしては、自分に対する評価のポイントが技術力であるため、どうしても技術の優劣にこだわり、自分の技術力を誇りたくなるのは理解できますが、これまで何度も繰り返し述べてきたとおり、顧客は顧客体験が得られるかを求めているわけで、このことを忘れてはなりません。

　したがって、もしご自身がエンジニアであれば、自分が持っている技術が顧客にどのような影響を与えるのかを考えることが重要ですし、そこで全く何も意識できないようであれば要注意です。

　また、もしご自身のチームにエンジニアがいて、ひたすら技術を磨いているようであれば、それがどのような顧客体験につながるのかを聞いてみるといいでしょう。顧客体験を意識していれば問題ありませんが、そうでなければ顧客の存在を強く意識してもらう必要があります。

顧客体験のカギとなるUI

　顧客体験を仮定する上で重要になってくるのがUI（User Interface ／ユーザーインターフェース）で、UIとは、その名のとおり、ユーザーである顧客が製品・サービスを利用する際の接点（インターフェース）となるところです。

　ホームページで言えば、画面のデザインやレイアウトそのものがUIですし、家電製品などの操作パネルもUIです。

　また、UIというとコンピューターや多種多様な端末ばかりに目がいきがちですが、顧客との接点ということで言えば、サービス業におけるメニューや公共施設でのサイン、導線設計などもUIに入ります。

　さらには、私は人と人が接するところもUIと理解しており、それは、注文をする際やサービスを受ける際の接点などで、ウェイターやウェイトレスの接客対応、営業マンのアプローチやサポートなどもUIにあたります。対応の仕方1つを取っても、にこやかな接し方か、ぶっきらぼうな接し方かで、顧客の気分は全く違ってくるものです。

　UIは顧客体験に大きく影響します。例えば、多くの人が興味を持ったサイ

トにアクセスしても、何をクリックしたらいいのかわからくてイライラした経験があると思います。

そこで想起されるのがマクドナルドの顧客対応です。

マクドナルドは一時期レジ横にあるメニュー表を廃止し、上部に吊されているメニューだけで注文を取るスタイルに変更しました。

顧客がレジに到着してから注文を決めるような状態では、注文スピードが遅くなってしまうため、レジ前に並んでいる間に注文品を決めてもらったほうが効率的であり、時間のロスが少なくなると考えたからです。

ところが、顧客にとって上部に吊されているメニューは、注文を決めるのにはわかりづらく、不便であり、満足できるものではなかったためにインターネット上で炎上し、結果として現在は以前のスタイルに戻されています。

このように中味は同じ製品・サービスであっても、UIがわずかに変化しただけで、顧客体験は大きく変わってしまいます。もちろんUIだけではなく、併せて稼働しているプログラムのスピードなどによっても顧客体験は変わってきます。

技術的に高い製品・サービスであったとしても、UIのせいですべてが駄目になってしまうことが新規事業では起こり得るのです。

UIは最初に顧客の目に飛び込んできたり、顧客の手に触れたりする接点なので、そこで製品・サービスの良し悪しが選別されるということを忘れてはならないでしょう。

新規事業で成功したいのであれば、顧客体験の入り口となるUIは避けて通れません。最近、デザイン思考という言葉が定着し始めたのも、ビジネスにおいて人との接点となるデザインの重要性が認識されるようになってきたからです。

顧客は自分が求める顧客体験を知らない

顧客が求めている顧客体験を提供できれば、製品・サービスがヒットする確率は高くなります。

　簡単な方法としては、顧客が欲しているものを顧客に直接聞くことなのですが、残念ながら顧客は、自分が何を欲しているのかよくわからないということが多々あります。というのも、顧客はどのような顧客体験を求めているのかと尋ねられても、未体験のことを話すことはできないからです。

　Chapter1-3でも述べましたが、私がマレーシアに行った際、Grabを利用するかどうか悩んだのは、これまでライドシェアを体験したことがなかったからです。ライドシェアのサービスはプロのドライバーが運転するタクシーと違い、一般の人が自分の車で、自分の時間が空いた時に、移動したい人を乗せるサービスなのですが、私はそこに不安を感じていました。

　しかし、利用してみるとその快適さにビックリしました。

　自分の現在地と行きたい場所を入力し車を待っていると、アプリから「あと何分で到着します」という連絡が入り、乗車すると金額が表示され、ドライバーに場所を告げなくても目的地へ行くことができました。

　一方、現地タクシーの場合では、行き先を告げても「場所がわからない」と言われ、仕方なく自分で行き先の住所を検索して運転手に伝え、料金も着くまでいくらかかるかわからない状態で、最適なルートを通っているかどうかもわからず、目的地に着くまでずっとドキドキした状態で過ごすような有様でした。

　したがって、Grabの快適さを体験したあと、タクシーを利用することは、ほとんどなくなりました。とはいえ、Grabを利用する前にその快適さを想像できたかというと、できませんでした。なぜならば、「一般のドライバーで大丈夫なのか、すぐに車は来てくれるのか、料金に問題はないのか」といったことが気になっていたからです。

　このような私の体験と同様に、新規事業を立ち上げる際、事前に顧客へ「どのような製品・サービスが欲しいですか？」という質問を投げかけても、顧客に体験していないことを尋ねるわけですから、正確な顧客体験を知ることは難しいです。

　要は、「人が欲求していること」と「人がそれを認知していること」は別だということです。

　例えば「何を食べたい？」という単純な質問に対してさえ、多くの人は本

当に何を食べたいのかを答えることができません。「何でもいいよ」と言っておきながら、食べ始めてから「あれが食べたかった」などと言い出したりするわけです。

「顧客のニーズを把握しろ」とよく言われていますが、顧客のニーズそのものが非常に曖昧なので、顧客に欲求そのものをズバリと聞けば聞くほど、「顧客のニーズ」への答えは迷走するので要注意です。

顧客は体験するまで、自分が欲しいものをわからない

顧客レンズによって顧客に焦点を絞り、ひたすら顧客を観察する

それでは、顧客が求めている顧客体験を把握することができるかというと、顧客レンズによって顧客に焦点を絞り、顧客がどのような行動をし、どのような言葉を発し、どのような気持ちになっているのかを、ひたすら観察することです。

すると、顧客が今どのようなことにイライラし、嫌だと思っているのかが見えてくるはずです。顧客にとってストレスになっていることは、すなわち顧客が解決したいことですから、そこに新規事業立ち上げのヒントがあるはずです。

パイロットの「消せるボールペン」の場合は、「修正液を使う必要がない」という顧客のストレスを解決したことがヒットの要因となりました。

LINEの場合は、大震災の時に携帯電話がつながらない人々の不安やイライラを見て、災害時でもつながるネットワークを作ろうという発想で生まれ

ました。

　つまり、顧客のストレスがビジネスの種になっているわけです。

　もし、何か顧客のストレスのようなものが見えたら、それはあくまでも仮説なので、本当かどうか確かめるために、「このような製品・サービスを望んでいるのではないですか？」と顧客に尋ね、その反応を見ながら、さらに顧客が求めている製品・サービスを再提案するようにしていけばいいのです。

　しかし、ここで注意しなければならないのは、「顧客の観察」ではなく、「自分の価値観」に左右されてしまうことです。

　こちらが描いている仮説が、必ずしも顧客が求めている製品・サービスと一致するとは限りません。このほうが便利だからと思って提案しても、置かれた環境の違いや価値観が違えば、顧客が求めている製品・サービスと違ってきます。自分の価値観が正しいとか、顧客は新たな製品・サービスを求めていないという思い込みに左右されることもあります。

　かつて東芝のハードディスクレコーダーを使用していた際に、リモコンがあまりにも使いにくかったので、東芝の技術者に改善を要望したところ、「自分たちはこれが一番使いやすい形だと思っています」と回答されて残念だったことがあります。

　要するに、自分たちにとっては使いやすいので、このままでいいといった理屈だったわけですが、こうした自分本位の理屈が、顧客に対する観察眼を曇らせることになります。

　自分の理屈はいったん置いて、素の状態で顧客を観察することが、顧客が求めている製品・サービスにつながることを忘れてはならないでしょう。

「人」との関係を
意識しながら立ち上げる
リレーショナルスタートアップ

　新規事業の立ち上げに際しては、どうしても事業規模や収益ばかりを意識しがちですが、それよりも重要なことは新規事業に関係する人たちとの関係性です。Chapter2では、せっかく思いついたアイデアを中断させることなく確実に成功させるために、意識しておいて欲しい「人との関係（リレーション）」ついて説明します。

会計の視点で
新規事業を評価しない

新規事業は事業活動の一環ですから、当然、投資した以上のリターンの有無をチェックする必要があります。ところが、当初から費用対効果を重視して新規事業を評価しようとすると、可能性を摘むこともあります。Chapter2-1では、こうしたパラドックスについて述べることにします。

新規事業は既存事業と同じような指標で評価できない

　企業ではよくあることですが、新規事業は数字で評価しづらいにもかかわらず、上層部への報告のために予測数値を求められます。また、経営者が新規事業担当者に「任せた」と言っておきながら、ついつい予測数値が気になって、費用対効果が悪いと判断し、すぐに新規事業から撤退する、というのはよくある話です。

　新規事業はゆるやかな立ち上がり方をしていても、あとで大化けしたり、逆に最初から調子が良くても一気に駄目になったりすることも多く、既存事業と同じような指標で評価すると、いつまでも先行きが見えません。

　既存事業は売上高、利益、市場規模に占めるシェア、販売数などの数字が高いほど成功した事業として評価されます。いずれもビジネスの成果数値ですので、これは当然と言えば当然です。

　新規事業も結果的にはそうした数値で評価されることになりますが、正解がわかりませんので、立ち上げた段階では予測の数値すら出せないのは、理の当然と言えます。

　現在、GAFAとして注目され、世界に影響を与えているグーグルやフェイスブックが売上を伸ばし、利益を出すようになったのは、事業を始めてから何年も経ったあとです。アマゾンも黒字に転換するまで、事業開始から7年ほどかかっています。

　このように新規事業の場合、最初から利益が出るということはほとんどなく、早くても数年、下手をすると10年近くかかることもあります。

そこで新規事業の担当者に新規事業が社内で通らなかった理由を尋ねると、概ね次のようなことを経営者から問われて潰されると聞きます。

> ・売上はどれくらい見込めるのか？
> ・シェアは何％取れるのか？
> ・いつ黒字化できるのか？

　これらは儲かるか儲からないかという営利性についてチェックする質問です。既存事業や新製品型であれば、このような質問に対して明確に答えられることは重要で、元となるデータがあるので、予測がつきやすいということもあります。

　しかし、新規事業の特にイノベーション型では実際に事業がどうなるかわかりませんし、成功する保証はどこにもありませんから、最初から営利性などを予測して判断することが問題なのです。

　新規事業も事業が軌道に乗れば、既存事業と同じような会計基準で評価されることになるでしょう。とはいえ、取り組んでいるのが新規事業である以上、最初から既存事業と同様の会計基準によって新規事業を評価するのはナンセンスであり、問題は新規事業を軌道に乗せる前にどのように評価したらいいか、ということです。

客観的に判断できない要素が新規事業を左右する

　IT系のスタートアップ事業おいては、従来の会計基準を使わずに顧客数の数値で事業を評価しようとします。売上が伸びていなくても、顧客数さえ多く獲得できていれば広告型やフリーミアムのビジネスモデルで、後々マネタイズできるだろうと判断するからです。

　例えば、Twitterが利益を全く出していなかったにもかかわらず、株式公開できたことにはこうした背景がありました。

　一方、顧客数という数値でさえ評価できない場合、売上利益が低く、顧客

数も見込めないような事業は事業として評価できないかというと、そうとも言えません。

　東証一部に上場しているバイオベンチャーのユーグレナは、創業から3年近くほとんど売上も見込めず、伊藤忠と提携するまで、なかなか顧客を獲得できていない状態が続き、数字だけで判断すれば、撤退したほうがいいように思われていました。それでもユーグレナの創業者である出雲充社長の思いは強く、諦めずに事業を推進したことによって、今やユーグレナは売上100億円を超えるビッグビジネスに展開しています。

　同社の成功要因は、世界で初めてミドリムシの大量培養に成功したという技術面だけではなく、創業者の出雲社長が企業と契約を取るまで、500社以上に営業へ回るなど、商品に対する熱い思いがあったからだと言えます。

　また、『スターバックス成功物語』(ハワード・シュルツ著、ドリー・ジョーンズ・ヤング著、小幡照雄翻訳、大川修二翻訳、日経BP、1998年）には、スターバックスの創業者・ハワード・シュルツが創業時に資金調達しようとした際、次のような話が紹介されています。

　ハワード・シュルツは、イタリアで飲んだ美味しいカフェラテの感動をアメリカの人たちにも伝えたいという熱い思いから事業を起こそうとして、多くの投資家に相談を持ちかけました。しかし、ほとんどの投資家からコーヒーショップは大きなビジネスにならない、という理由で断わられてしまいました。

　ところが、ある投資家がシュルツの事業計画書も見ずに出資してくれることになり、不審に思ったシュルツがその投資家に「事業計画書を見ずになぜ投資したのか？」と尋ねたところ、「あなたを見れば投資に値する」という答えが返ってきたそうです。

　要は、ハワード・シュルツの熱い思いにこの投資家は賭けたわけで、売上や利益といったことが書かれている事業計画書よりも、起業家の「熱」のほうが、新規事業の成功・不成功を決定付けることがあるということです。

　とはいえ、「その"熱"を数値化してください」と言われても判断基準は人それぞれですし、そう問われた本人も数値化できずに困り果てるはずです。この問題が新規事業の評価をややこしいものにしています。

投資や事業にGOサインを出す人たちとしては、事業が上手くいくかどう
か客観的に判断できる材料が欲しいわけで、「熱」と言われても何によって判
断すればいいのかわかりません。その結果、自分にはよくわからないものや
価値観の違うもの、未経験の事業は「却下」の判断を下すことになり、社内
新規事業が育たないという悪循環に陥ることになってしまいます。

　既存事業であれば、「売れ行きが上がった、下がった」「コストが上がった、
下がった」などと、客観的な情報で判断できます。しかし、新規事業の場合
は、客観的な数字では測れないところがあるので、初期の段階で理解されず
に、そのプロジェクトが上手く進まないということが多々発生します。

　したがって、新規事業の場合は「別の観点からその事業に投資をし続ける
べきか、どうなのか」をチェックする必要があります。特にイノベーティブ
な新規事業であればあるほど、数字には表れない要素によって新規事業を評
価しなくてはならないでしょう。

「どんな事業をするか」よりも
「人間関係の質」が事業を作る

Chapter2で述べる「リレーショナルスタートアップ」とは事業に携わる人との関係を意識しながら新規事業を立ち上げていく考え方のことです。Chapter2-2では、「新規事業を成功させるための人との関係とは何か」、そして「誰と関係を築いたらいいのか」を具体的な例を示しながら述べることにします。

新規事業では、数字には表れない「人との関係」を重視する

新規事業を会計基準で評価すべきではないとしたら、私が重要視しているのは「人との関係」です。

事業活動は売上利益などの数字によって管理されていますが、そもそも顧客が製品を購入してビジネスが成り立っている以上、大切にすべきは「人との関係」です。顧客との関係がどのようになっているかをチェックすることで、新規事業が上手くいくかどうかを判断することができます。

そこで、「人との関係」とはどういうことかと言えば、次の3条件を満たしている状態であることと定義します。

① 相手と直接接触（コンタクト）できること

オンラインであれ、リアルであれ、相手と直接メッセージをやり取りできる状態。連絡も取れない、会ったこともないというのは接触できていないということ。

直接触れあえる

② オープンなやり取りができること

相手の状況を知ることができ、こちらの状況も相手は知ることができる状態。接触できたとしても、相手が何を考えているのかわからない状態は冷めた状態と言える。一方的な通知・伝達では人との関係ができているとは言えない。

お互いの情報を
包み隠さず交換できる

③ 相互に影響し合う状態であること

お互いのやり取りに熱意があり、より深く関わろうという気持ちが働いている状態。相手の言葉などに心が動かない状態だと自分の行動にもつながらない。

お互いに影響し合う

　以上の3つの条件を満たすことができれば、結果としてコミットし合ったり、協力し合ったり、問題を解決し合ったり、刺激し合ったりすることができるようになります。また、3つ条件をすべて満たしていれば、いい関係を築くことができます。逆に、以上の条件を1つも満たしていなければ、いい関係性を築くことはできません。

例えば、台湾政府による新型コロナウイルスの対策は3つの条件を満たしています。2020年、世界的に大きな影響を及ぼした新型コロナウイルスによる感染の抑え込みに成功した台湾政府は、「人との関係」を重視した政策を行いました。

　126日連続で記者会見を行い、毎回すべての質問に答えるまで時間無制限で対応していました。情報は隠さずすべてオープンにすることにより国民との関係性を築き、国民も政府に協力することにより、一丸となって新型コロナウイルスの封じ込めに成功しました。

　一方、日本については、皆さんご存知のとおりです。

　さて、前述した3つのうち1つの条件も満たしていない例として、販売をすべて代理店に任せ、サポートセンターなども業務委託している某大企業を挙げることができます。このような状態ですと顧客との直接的な関係はなく、「人との関係」を築くことができません。

　また、新規事業担当者が顧客に直接ヒアリングをせずに、リサーチやアンケートだけで事業アイデアを決めてしまうことが、新規事業ではありがちです。「コンタクト」とは「つながること」を意味するわけですが、一度も顧客に会うことがなければ、顧客とは全くつながれないということになります。

　ちなみに、クックパッドの創業者・佐野陽光さんは、同社独自のサービスを発案する際に、ユーザーとなる主婦へのインタビューを徹底的に行い、そのおかげでクックパッドという主婦向けのサービスを立ち上げることができたそうです。

　これらの3つの条件のうちの2番目でいうオープンとは、情報が操作されずに、そのまま受け取れる状態を指します。例えば、政府の公文書が黒塗りばかりでは情報が確認できず、クローズドな状態と言えます。企業の場合は、SNSなどを通して消費者が直接企業の情報を得られているのはオープンな状態で、メディアなどを通して企業情報を得るのはクローズドな状態です。

　つまりオープンとは、「素直にお互いがコミュニケーションできる状態のこと」です。例えば、医者と患者の関係で言えば、医者だけが患者の病気を知っており、一方の患者は自分の病気を知らないことを、クローズドな状態と呼びます。

　オープンなコミュニケーションが図られていれば、相手とのやり取りは容

易ですが、クローズドな状態では、何をどのように話そうかと常に考えなければならないので、会話が続かなくなります。また、オープンなコミュニケーションを取っていれば、双方向のやり取りができるものの、クローズドなままだと、相手への疑心暗鬼が募ったり、相手が何を考えているのかわからなくなったりします。

　要は、直接的なやり取りがあり、そのやり取りがオープンで、相互に影響し合えれば、人との深い関係を築くことができるわけです。

巨大な事業となったAKB48のビジネス

「人との関係」についてさらに述べるならば、アイドルとそのファンの関係を見るとわかりやすいでしょう。

　かつてアイドルビジネスはプロモーションを通してマスメディアに向けて展開するのが一般的でした。つまり操作された情報を通して、ファンはアイドルとつながっていたと言えます。

　これに対してAKB48のビジネスを見ると、小劇場を作り、「アイドルに会える」というコンセプトで、ライブイベントを地道に続けました。その結果、AKB48は顧客との関係性を深めることができたのですが、人気が高まったせいで、皮肉なことに「会えないアイドル」と言われるまでに成長しました。

　現在もAKB48関連のアイドルは、握手会という機会を通してファンと直接接触し続けていて、その関係がビジネス全体を支えています。

　アイドルからの情報も事務所を通さずに、本人から直接SNSを通して発信され、ファンもコメントやダイレクトメッセージなどで直接アイドルに自分の思いを伝えることが可能になっています。

　また、「総選挙」という形を通してCDを購入した人がアイドルを応援できるという方式は、ファンがアイドルへ直接影響を与えられることを実感できるので、メディアに向けて売り出すことが当たり前だった芸能界に大きなイノベーションをもたらしました。

　一方、こうした顧客との関係作りをせずに、頭の中だけで新規事業を進めようとするケースが最近目立ちます。特に、インターネットが発達したせい

で、インターネット上の反応の度合いによって顧客と関係を持ったつもりになったり、社会的ニーズに対応した気になったりして、事業を起こしがちです。

確かに、インターネットは便利ではあるものの、依存し過ぎれば「人との関係」を省略し、結果として誰とも関係を持たないまま新規事業を起こしてしまうことになります。

既存事業は過去の事例があるので、それらをベースに事業を組み立てていくことができますが、全く未経験の新規事業を起こす場合は、「人との関係」が成否のカギになることを肝に銘じておく必要があります。また、例え1回のチャレンジで上手くいかなかったとしても、「人との関係」を維持できていれば、引き続き新規事業の道をひらくことはできます。

「人との関係作り」のためには分析よりも対話が重要

新規事業を起こそうとする場合、あるいは既存事業の立て直しや拡大を図ろうとする場合に、多くの経営者はこれまでの既存ビジネスや他社の事業内容を分析することから始めるでしょう。

経営者はあらゆる数値を集めて、それぞれの数値がどのような意味を持っているのか分析するはずで、分析を通して事業戦略を立てていくことは、経営学では当たり前の手法です。

それ故に新規事業の場合でも分析さえすれば、上手く行くと勘違いしてしまう経営者が多く見受けられますが、いくら市場分析や顧客分析をしても、新規事業用の立派な事業計画書ができるだけで、新規事業においては、分析によって重要な「人との関係」を築くことはできません。

例えば、初対面の人から「あなたは○○な性格で、○○な傾向があるようですから、こうしたほうがいいですよ」と一方的に分析されて嬉しい人はいないでしょう。

同意なしに一方的に分析されるというのは、上からものを言われているようで、人にとっては不快な行為になりますから、「人との関係を築く」ためには「分析」ではなく「対話」する必要があり、対話によってお互いが求めている

ことが初めてわかるようになります。そして、メールよりも電話、電話よりも実際に会って話すことができれば、相手との親密度が変わってくるはずです。

人との関係はまず「対話」から

デザイナーの思考を新規事業に応用する

　最近、スタートアップ事業関連では、デザイナーの思考を新規事業に応用し始めており、この傾向が大分広まってきています。

　デザイナーの思考の根底にあるのはクライアントとの対話です。いくらデザイナーがいいデザインだと思っても、クライアントがOKしなければ、デザインを提供することはできません。したがって、クライアントがどのようなデザインを気に入ってくれるのかと、デザイナーはひたすらクライアントと対話をしながらデザインを詰めていきます。

　同様に新規事業でも、「顧客がどのような新製品を求めているのか」を繰り返し対話することで、顧客との関係を作っていくことが事業内容の革新性につながります。

　対話の基本はヒアリングです。顧客の話に耳を傾けて気持ちに寄り添うようにし、自分が感じたことを伝えるようにすれば、対話が成立します。それ故、新規事業ではヒアリングがスキルとして重要になってくるのです。

　対話は顧客だけでなく、上司や一緒に事業を立ち上げるメンバーなど、新規事業の関係者すべてと行う必要があります。それぞれと対話をしっかり行

うことができれば、前述したとおりの、コンタクト、オープン、そして相互的な「人との関係作り」ができるはずです。また、新規事業に携わる関係者を評価する際は、誰が誰とどのような対話したのかをチェックすれば、事業に関係する人たちのおおよその様子がつかめるでしょう。

　例えば、製品のアイデアについて「5人にしかヒアリングしていません」という担当者Aと、「300人にヒアリングしました」という担当者Bでは、圧倒的に担当者Bのほうが顧客との関係作りに力が入っており、本気度も見えます。

　さらには、新規事業に関しては把握できる数字よりも、「人との関係」を追求していったほうが、回り道をしたとしても効率的に創出できるというのが私の考え方です。そこで、私は人との関係（リレーション）を意識しながら新規事業を立ち上げることを、「リレーショナルスタートアップ」と名づけました。

新規事業の立ち上げ段階では、誰と関係を作ったらいいのか

　Chapter1-2で紹介した顧客開発モデルの提唱者であるスティーブ・ブランクが「製品開発ではなく顧客開発がスタートアップでは重要だ」と述べているように、新規事業を創出しようとする際、まず思い浮かべるのは顧客でしょう。これを踏まえ、私が提唱するリレーショナルスタートアップでは、「人との関係」を考える際、顧客はもちろんのこと自分も含め、経営陣や上司、社員、事業パートナー、ステークスホルダーとなる投資家など、新規事業に関わるすべての人たちとの関係を重要視します。その理由は次のとおりです。

> ・社会を無視すれば、バッシングされて叩かれる。
> ・顧客を無視すれば、顧客が買い求めない製品になる。
> ・自分の意思や立場を無視すると、したくもない事業を行うことになる。
> ・社員を無視すれば、優秀な人ほど逃げてしまう。
> ・事業パートナーや投資家を無視すれば、資金調達ができなくなる。

・行政を無視すると、事業を止められてしまう。

次の図は、顧客以外にどんな関係を築かなくてはいけないのかを表したものです。

リレーショナルスタートアップにおける関係図

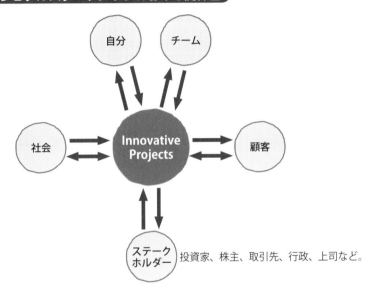

新規事業を立ち上げようとすると、その課題の多さに、どこから手をつけたらいいのかパニックに陥ることがあるかもしれません。しかし、関係者のすべてとコンタクトを取り、それぞれの考え方を理解しつつ、良好な関係を作ることができれば、必ず新規事業はゴールに到達するはずです。

新規事業では、「人との関係」を焦らずに確実に築いていく作業を繰り返すことで、事業アイデアをブラッシュアップしていくことができます。つまり、事業アイデアよりも「人との関係」のほうが大事だということです。

顧客と共に感じる
関係(リレーション)がすべての基本

新規事業の立ち上げに際して、ビジネスのアイデアが思いつくと、すぐに製品作りやサービスの提供を展開しようとするケースを見かけます。ある程度、顧客のニーズを把握している場合は問題ありませんが、より積極的なイノベーション型のビジネスの場合、このケースを行うと失敗に陥りやすいです。Chapter2-3では、失敗しないための考え方を述べることにします。

いきなり製品・サービスを提供しようとすると新規事業は立ち上がらない

「一刻も早く他社に先駆けて」という心理が働くので、製品・サービスの提供を急ごうとするのは間違っているとは言えませんが、顧客との関係を築かずに先を急ごうとするのは、ごく一部の人にしか理解の得られないアート作品を世に売り出そうとする行為に似ています。

皆さんの中には全く理解できないアート作品を前にして、「果たしてこの作品に価値があるのか否か」と不思議に思う方もおられるでしょう。とはいえ、特に抽象的な現代アート作品の場合は、多くの人に理解されなくても、作品を手掛けたアーティストの意向を理解してくれるパトロンが1人でもいれば成り立つ世界です。

例えば、あるアイルランド出身のカメラマンが撮影したジャガイモの写真が1億円で取引されたことがありました。普通こんなことは考えられない話ですが、この写真を1億円で購入した人は、それだけの価値がジャガイモの写真にあると思ったわけです。アーティストの立場からすれば、多くの人には全く理解できない作品であっても、自分の思い描く作品に取り組んでいれば、将来作品が認められ、価値が高まる可能性はあります。

一方、新規事業の場合は、できるだけ多くの顧客の理解を市場で得る必要があり、顧客の意向を無視した製品作りやサービスの提供はできません。

したがって、新規事業の場合は、アート作品というよりもデザイン性を重視するので、提供する製品・サービスは、それを利用する人たちにとって理

解されるものでなくてはなりません。

　例えば、使い方がさっぱりわからないリモコン、読みづらいホームページ、欲しい商品がどこにあるのかわからないスーパーマーケット等々では、顧客からそっぽを向かれてしまいます。

　顧客に受け入れられる製品・デザインを提供するためには、まず顧客を理解することが求められます。一方、新規事業の担当者は、ついついアーティストのように自分の意向を主張しがちなので、顧客を理解することを忘れずに気を付ける必要があります。

徐々に顧客との関係を深めるための基本サイクル

　顧客が本当に求めている製品・サービスを提供するためには、顧客との対話が欠かせません。顧客との関係作りは、次の4つの段階「観察」「気づき」「共感」「働きかけ」が基本のサイクルになります。

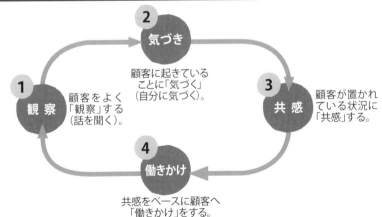

顧客との関係作りは4つの段階が基本のサイクル

2 気づき
顧客に起きている
ことに「気づく」
（自分に気づく）。

1 観察
顧客をよく
「観察」する
（話を聞く）。

3 共感
顧客が置かれ
ている状況に
「共感」する。

4 働きかけ
共感をベースに顧客へ
「働きかけ」をする。

① 顧客をよく「観察」する（話を聞く）

　「観察」の段階では、顧客に何が起きているのか直接話を聞いてその様子を観察します。

② 顧客に起きていることに「気づく」(自分に気づく)

「気づき」の段階では、顧客の行動・気持ちと共に、顧客と接している自分の気持ちにも気づくようにします。

③ 顧客が置かれている状況に「共感」する (感じる)

「共感」の段階では、顧客の心情を感じ取るようにします。顧客の苦しみや要望を感じ取ることができれば、顧客が求める製品・サービスのアイデアを思いつくようになります。

④ 共感をベースに顧客へ「働きかけ」をする (介入)

「働きかけ」の段階では、どのようにすれば顧客の課題を解決できるのかと考え、それを試してみます。「働きかけ」が顧客に受け入れられれば、製品・サービスのアイデア作りにもはずみがつきます。もし、顧客に受け入れられなければ、働きかけの方法を変えたほうがいいかもしれません。したがって、最後に「働きかけ」の結果を再度「観察」するようにします。

以上の4つの段階を基本サイクルに実践していくことによって、製品・サービスを提供する前に顧客との関係を深めることができます。

一方、新規事業でありがちなのが、顧客理解のために、次のようなサイクルで事業を進めようとすることです。

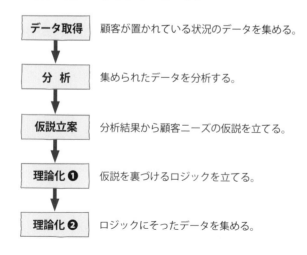

新製品・新サービスを立ち上げる時などは、こうした手法が当たり前のように取られています。しかし、この手法の最大の問題点は、顧客のニーズの有無を探るためにデータリサーチが中心で、数字を見ることに終始して、顧客と直に接しようとしていないところです。

　顧客との関係作りができている状況であれば、この手法は有効ですが、顧客との接点がない状況でこの手法を実践すると、顧客が求めているものと全く異なった製品・サービスを提供してしまうことになりかねません。

　顧客と直に接していないと、勘を頼りにするしかなくなってしまうので、分析の仕方によっては、事実と異なる結論を出してしまうこともあり得ます。

　その結果、リサーチ段階では顧客ニーズが見込めたはずなのに、いざ新規事業を展開すると、製品・サービスが少しも提供できなかったということが起きてしまいます。

　私がキヤノンの生産数量の管理部門に在籍していた際、まさにこの手法を採用していました。全世界から販売数量と在庫数量のデータを集め、そのデータから予測して生産数量を決め、大体は上手くいっていましたが、突然売れ行きが落ちることや、逆に売れすぎてしまうことがありました。そうした時は世界情勢のニュースをテレビや新聞で仕入れながら、いろいろな想像をめぐらして分析するしかありません。

　本当は現地へ行って情報を集めれば、そこで起きている様子を把握できるのですが、コスト・時間がかけられないので、手元のデータに頼るしかなかったわけです。

　既存の事業であればこうした手法でも、既に顧客との関係が築かれているので、何とか辻褄を合わせることができます。しかし新規事業の場合は、集めたデータに基づいて分析すればするほど、迷走します。

　顧客との関係を深めるための4つの段階を基本サイクルにする場合、利点としては、もし自分（チーム）のアイデアが顧客に拒まれたとしても、顧客との接点が維持できているので、別の製品・サービスの提案をスムーズにできることです。

　データに基づいて分析する手法の場合、顧客は自分（チーム）の存在を全く知らないので、一か八かの賭けで製品・サービスを作り出してから顧客に

提案し、試していくしかありません。

　この手法は、ある程度顧客との関係作りができていれば活用してもいいと思いますが、新規事業立ち上げ当初からの活用は、賭け事のようになってしまうので避けるべきです。

顧客との関係作りに必要な「共感」

　先の「顧客との関係を深めるための基本サイクル」の項で、既に触れましたが、顧客との関係作りで一番重要なことは、顧客に「共感」できるかどうかなので、ここでさらに「共感」について述べることにします。

　顧客は、自分のほうを向いてくれていることがわかると、製品・サービスの提供者を一生懸命応援してくれるようになります。

　それは製品・サービスの提供者が思っている以上の現象で、顧客と「共感」できるようになると、顧客は製品・サービスを積極的に支持したいという気持ちになっていきます。逆に顧客を軽視すれば、顧客の製品・サービスへの関心は薄れ、いわゆる"客離れ"を起こします。

　私はアップルコンピュータ時代の「Performaシリーズ」の時からアップル製品を使い続けています。当時、アップルは業績が非常に低迷しており、潰れかけていました。それでも私がアップルの製品を購入し続けた理由は、同社ならではのデザインに「共感」したからで、私はその優れたデザイン性に惹かれ続けています。

　このように熱い支持を得られなくても、顧客からある程度支持されていれば、新規事業をスムーズに立ち上げることは可能でしょうし、良い結果を得ることもできます。

　顧客との関係作りが進むと、製品・サービスを提供する側にもいろいろな感情が生まれてくるはずです。ワクワクしてきて、もっとビジネスを前に進めたいと思う時もあれば、顧客との交流を面倒だと感じて、これ以上話したくないという気持ちになるかもしれません。

　こうした感情は、良し悪しは別にして、新規事業を立ち上げる上で大切な判断材料になります。顧客に何も感じないまま新規事業を立ち上げようとす

るのは、「木を見て森を見ず」の例えのとおり、頭だけで顧客を理解するということですから、顧客の「共感」が得られない製品・サービスになってしまいます。また、そのような製品・サービスは、顧客の立場からすれば、金銭的なメリットなどで選別することになるはずです。

「共感」とはその字のごとく、共に感じる、です。自分が何も感じないのに顧客に感じて欲しいというのは無理な相談です。顧客との関係づくりにおいて、自分が何を感じているのか常に意識するようにしてください。

　新規事業の場合は、立ち上げの段階で製品・サービスの価値を顧客に伝えづらい分、このように目に見えない「共感」の要素が大切なポイントになってきます。

自分自身との関係が
事業に粘りを与える

新規事業が上手く立ち上がらない一番の原因は、経営者もしくは企画を立案したチームのリーダーが途中で諦めてしまうことです。その次の原因は、製品・サービスを実際に提供し始めたものの、全く売れずに終わってしまうことが挙げられます。私が様々な新規事業を支援していて、前者の原因が圧倒的に多いことを実感しました。そこでChapter2-4では、そうならないためのノウハウを述べることにします。

諦めずに事業を継続するという情熱を

　売れない製品・サービスだとしても、何とか改善点を見出してチャレンジし続ければ、いつか成功を摑み取ることができるかもしれません。しかし、途中で諦めてしまえばその時点で終わりです。

　そこで教訓とすべきは、松下幸之助翁の「成功とは成功するまでやり続けることで、失敗とは成功するまでやり続けないことだ」という名言です。

　いくらアイデアが優秀だとしても、取り組む前に諦めてしまっては何の意味もありません。

　特に、新規事業の場合は、事業を継続するという「情熱」が大切になります。

　健康医療機器などのメーカーとして知られているオムロンで、パスネットなどの新規事業をいくつも立ち上げた竹林一さんは、新規事業のスタートに際して「自分のWill（意志）が整理されていることが大事」だと言います。「Will（意志）」とは、目標設定やコミットメントのためではなく、純粋に自分が本当にしたいことを先に見極めておくための、重要なポイントです。

　そして、新規事業を成功に導くために、どのようなことをすればいいのかと言えば、「何をやるのか」ということよりも「何故やるのか」という理由のほうを、まず考えるべきです。

　例えば、主婦向けのインターネットサービスを始めるにしても、「子供を持つ母親の問題を解決したい」という思いで始めるのと、「他社がやっていて、

儲かりそうだから参入しよう」ということで始めるのでは、事業に対する取り組み方が大きく異なります。

　また最近では、顧客も事業者の思いに敏感に反応するようになってきているので、単に売上アップのためだけに事業進出しても、すぐにSNSを通じてネガティブな反応があります。さらには、一緒に働く社員にしても、リーダーの思いがよくわかっている場合と、リーダーの思いがわからない場合とでは、反応が違うということも忘れてはならないでしょう。

　『WHYから始めよ！インスパイア型リーダーはここが違う』（日本経済新聞出版社、2012年）の著者であるサイモン・シネックは「人々をインスパイアする方法」を伝授してきたことで知られ、アメリカで人気のコンサルタントです。彼は「ゴールデンサークル」というフレームワークで「様々なリーダーを調査してきて、成功したリーダーはWhyから始めるが、失敗したリーダーほどWhatやHowから始めている」と述べています。

サイモン・シネックのゴールデンサークル理論とは

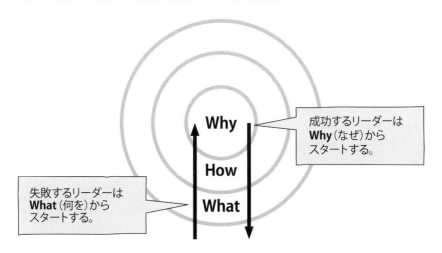

Why

How

What

成功するリーダーは
Why（なぜ）から
スタートする。

失敗するリーダーは
What（何を）から
スタートする。

かくいう私も、自分が立ち上げようとして失敗した新規事業の時は、大体「What（何をするのか）」から入っていました。

　私のところにいらっしゃる相談者の方もほとんどが、「どのような事業を起こすのか（What）」「どのように成功させるのか（How）」ということばかりを考えています。または、事業のネタばかり考えていて、いつまでも「What（何を）」を探し続けてしまい、結局、何もスタートできなかったということもあります。

　「なぜ、事業を始めるのか（Why）」という理由について考えている方は、ほとんどいません。

「なぜ」がチーム作りに必要な「共感」を生む

　顧客との関係において、「共感」がカギになることは先ほど述べました。さらに「共感」はチームメンバーとの関係強化に役立ちます。「共感」が生まれると応援者が現れるようになり、新規事業の立ち上げが、よりスムーズにいくようになります。そのために必要なのが「Why」なのです。

　ブライダル情報誌「ゼクシィ」をリクルートで立ち上げた渡瀬ひろみさんは、友人の結婚式に参加している時に、どの結婚式も同じようなパターンの結婚式ばかりなのが気になりました。そして調べてみると、それまでの結婚式場は結婚相談所に顧客を握られており、独自のプランを展開して差別化を図ると結婚相談所から睨まれてしまうことがわかったのです。

　今では当たり前となっている、顧客の要望に合わせたオリジナルウェディングなど展開できない状況だったのです。したがって、どこの結婚式場も当たり障りのないプランしか顧客に提供することができませんでした。

　そこで、結婚式業界を変えたいという思い（Why）が先に立ち、結婚式場で独自のマーケティングができるブライダル情報誌というサービス（What）を立ち上げようとしたのです。

　こうした背景の中で様々に模索しながら、何とか「ゼクシィ」を立ち上げようとした時に、リクルート社内の各所から「手伝うよ」という声がかかったそうです。渡瀬ひろみさんがブライダル情報誌を立ち上げた話は、「なぜ」

に「共感」してくれる人が多ければ多いほど、事業は立ち上げやすくなるという一例です。

Whyで事業アイデアへの共感を生み、共感で人々を巻き込む

「情熱」を燃やせない事業をスタートしてはいけない

新規事業を立ち上げる際、「Why（理由）」を置かれた環境や、頭の中だけで考えると上手くいきません。

起業の場合、創業者がビジネスを思いついて、スタートさせます。一方、社内における新規事業の場合は、「社長の指示」や「社内会議で新規事業を任されることになった」などの理由でスタートすることがあります。

しかし、自らの意思に関係なく、「会社で任されることになったから」などの理由では、新規事業に対する「情熱」は燃やしにくいです。また、経済的な理由で新規事業を始めようとする場合も「情熱」は燃やせないでしょう。

> ・今、このビジネスが儲かっているので、自分も始めてみたい
> ・他社が儲けているので、当社もそれに乗り遅れたくない

　これらの理由からスタートして、一時的に会社が儲かったとしても、いずれ損失が出るかもしれません。中にはお金を稼いだことを評価されて、有頂天になる方もいるかもしれませんが、それだけでは自分のすべてが認められたというわけではありません。

　むしろ「事業を成功させて社長から認められたい」「新規事業の実績で自分の社内における地位を不動のものにしたい」といった自己肯定的な欲求のほうがまだ健全です。

　要は、新規事業の立ち上げに挑むには、どんな理由よりも「情熱」が求められます。「情熱」とは「人に対する厚い思い」と言い換えることができるわけで、「上司から認められたい」「困っている人を助けたい」「あの人に好かれたい」といった人との関わりの中で「情熱」を燃やします。

　ところがビジネスは数字で表すことが多いので、どうしても「情熱」を軽視する傾向にあります。それは既存の事業であれば問題ないのですが、新規事業の場合は、いくつもの困難を乗り越えるエネルギーが必要になるので、「なぜ新規事業を立ち上げたいのか」という理由と、それを支える厚い「情熱」が求められるのです。

ブルーオーシャンパラドックス

　なぜ、新規事業で「情熱」が求められるのかというと、新規事業は常に周りから叩かれる運命にあるからです。

　世界的なベストセラー『［新版］ブルー・オーシャン戦略──競争のない世界を創造する』（ダイヤモンド社、2015年）の著者として知られるW・チャン・キムとレネ・モボルニュの両教授は、同書の中で「皆が血みどろの戦いをしている市場（レッドオーシャン）で競争するのではなく、競争者がいない市場を開拓し、静かな海（ブルーオーシャン）でビジネスを行うべきだ」

という経営戦略を提唱しました。

　多くのビジネスマンが知ることになったこの理論を拠り所にして、多数の経営者が競争者のいないブルーオーシャンで、ビジネスを展開することを夢見て、部下にそうした新市場を開拓するように指示しました。

　競争者がいないブルーオーシャンとは、「前例がない市場でのビジネス」を意味します。しかし、日本企業では、前例がないことは非常に嫌われます。なぜならば、過去に上手くいった例があれば、失敗する可能性が低いという判断基準が常態化しているからです。ここに大きな矛盾が起きます。

　経営者は今までにない新規事業の立ち上げを求めながら、前例がない事業は叩こうとします。つまり、ブルーオーシャンを狙った新規事業であればあるほど社内では理解されず、周りから叩かれながら事業をやり通す覚悟が必要になるわけです。

　松下幸之助と同様に、日本を代表する起業家の本田宗一郎が、次のような言葉を残しています。

「成功者は、例え不運な事態に見舞われても、この試練を乗り越えたら、必ず成功すると考えている。そして、最後まで諦めなかった人間が、成功しているのである」

　要は、叩かれても、断られても、諦めない「情熱」。何度、壁にぶちあたっても、成功のビジョンを持ち続けられる「情熱」。そうした厚い「情熱」を最初に持てるかが新規事業の成否のカギになるわけです。

　そして、「情熱」がどれほどのものかをチェックするために、「本当に行いたいことなのか」と、自分（チーム）自身に何回も問いかけることも必要です。また、もし自分（チーム）でチェックできない場合は、他者に意見を求めるといいでしょう。他者に自分（チーム）の思いを伝えているうちに、自然に考え方が整理され、やる気がどんどん増していくこともあるはずです。

　一番やっかいなのは、何の感情も沸き上がらない場合です。そうした場合は「やらなければならない」という気持ちが先行するので、自分（チーム）の「情熱」を、つまり新規事業に対する本気度を、より冷静にチェックするようにしましょう。自分（チーム）の思いを確かめることが、新規事業を最後までやり通せるか否かのカギになります。

社会との関係作りが新規事業を後押しする

顧客からの応援も新規事業では重要になりますが、何より新規事業を後押ししてくれるのは社会からの応援です。では、どのようにすれば社会から応援されるようになるのか？　Chapter2-5ではその要点を述べることにします。

社会から応援されるような新規事業を

　社会から応援されない新規事業の創出は、無風の中で船出するようなものです。社会から応援されるとメディアが取り上げてくれ、インターネット上で話題になり、行政が協力してくれるようになるので、応援されるのと、されないのとでは雲泥の差があります。

　社会から応援されず、批判されたりすると、どんなに優れた製品・サービスであっても新規事業は難しくなります。また、社会から応援もされず、批判もされず、無視されるような状態であれば、社会に懸命にアプローチしなければならないので、大変なエネルギーを必要とします。

　メディアに取り上げられた成功事例としては、インド人社長パンカジ・ガルグ氏が立ち上げたアイ・ティ・イー社が挙げられます。同社は「誰もがワクチンや食べ物を手に入れられる世界にしたい」という思いで事業を立ち上げ、長時間、温度管理ができる「アイスバッテリー」という商品を提供しています。元々、インドでは冷蔵・冷凍物流が発達していないため、4割もの食料が廃棄されます。そこで、ガルグ氏は「ワクチンなどの医薬品が必要な人に届いていない」という社会問題を解決するために、事業をスタートしました。これまで日本経済新聞をはじめ、NHKやテレビ東京の「ワールドビジネスサテライト」でも取り上げられているので、ご存知の方もおられるでしょう。

　経営者や新規事業の担当者であれば、アイ・ティ・イー社のように自社の製品・サービスが、テレビや雑誌などのメディアで紹介されることを願って

いるはずです。

　しかし、社会が応援したくなるような課題に取り組んでいる企業でなければ、メディアが関心を持つはずもなく、自社のコンセプトや製品・サービスがどれほど顧客から支持されているかが、メディアが取材する際の重要なポイントになります。

　シェアリングエコノミー（インターネットを介して使用していないもの・場所・スキルや時間などを共有し、貸し借りするサービス）を手掛け、大成功した企業に、Uber（ウーバー・テクノロジーズ）とAirbnb（エアビーアンドビー）というアメリカ企業があります。

　Uberは、空き時間に副収入を得たいドライバーと、これを利用したいユーザーとをマッチングする自動車の配車サービスを展開していますが、日本においてはいまだビジネスの目途が立っていません。なぜなら、日本では道路運送法よって第二種運転免許を持っていないドライバーが旅客を運送すると、いわゆる「白タク」ということで罰せられるからです。

　結果として、Uberはメインビジネスのライドシェア事業を諦めて、サブ事業であった宅配ビジネスで日本において事業展開することになりました。

　一方、Airbnbは所有もしくは賃貸している物件を、貸し出したい人とそれを宿泊に利用したい人とをマッチングするサービスを展開しています。従来、日本では旅館業法という法律によって、許可を受けていない施設が勝手に宿泊の場所を提供すること（民泊）は違法でしたが、法律が改正されて、同社は日本で営業できるようになりました。

　この両者を比較して言えることは、社会が必要としているかによって、ビジネスを展開できるかどうかの分かれ目になるということです。

　前者のUberは、確かに安くて便利なサービスを米国を初めとして世界各地で提供しています。しかし日本の場合は、特に都市部では交通機関が発達しているので、タクシーに頼る頻度はそれほど高くありません。そのためタクシーに代わるサービスを日本の社会が必要としていたかというと、そうでもなかったわけです。

　後者のAirbnbは、日本への外国人観光客の増加にともない、また延期になったものの2020年東京オリンピック・パラリンピックを見込んで宿泊施設

の拡充が求められている時期でした。宿泊施設の不足は社会問題となり、泊まる場所を確保できないということは、社会的ストレスにつながったわけです。結果としてAirbnbは、かつては法律に反していたにもかかわらず、その法律を変えるほどの影響を社会にもたらすことができたわけです。ただ、そのAirbnbもコロナ禍で社会が変わると、一気に経営環境が一変することになりました。

　Uberがアメリカを初め、世界各地で成功した理由は、その発祥の地であるアメリカも、従来は日本と同じように一般ドライバーによる利用者の運送は規制されていたものの、アメリカの「クルマ社会」に解決すべき社会問題があったからです。

　このように変化する社会に合わせて、社会から応援されるような事業であれば、例え法律的にクリアしなくてはならない問題があったとしても、成功への道がひらけるわけです。

社会から応援されるような事業

「社会が求めているものを作る」とは、社会の問題を解決すること

　新規事業の立ち上げに際して、「顧客の問題を解決するビジネスをしなさい」とよく言われますが、顧客と社会は違います。

　顧客とは、自社の製品・サービスを求める個人もしくは組織のことです。社会とは、人と人との集まり、人同士がつながっている状態を指し、家族や

会社、業界、地域、国に至るまでが社会です。

顧客と社会の違い

顧客は個人、もしくは組織

社会は人とのつながり

「社会」という言葉には様々な定義があり、また曖昧模糊としているせいか、「社会の問題」といっても、新規事業を立ち上げる際に、何をどうすればいいのかわからない方が多いようです。

そうした中で、社会から応援される事業を立ち上げるためには、社会との関係作りが求められます。そのためには、どのようなことが「社会の問題」であるかを、まずよく知る必要があります。

その一番簡単な方法は、日々、テレビやインターネットで発表される情報に関心を持ち、新聞などの記事に目を通すことです。環境の分野であれば海洋に投棄されているプラスチックの問題、教育・育児の分野であれば待機児童の問題、雇用の分野であれば外国人労働者受け入れの問題など、メディアでは多様な「社会の問題」が取り上げられています。

もちろん、こうした「社会の問題」の中から新規事業のテーマを設定するのもいいですが、可能であれば、自分自身の体験をベースに「社会の問題」に取り組むことができればベストでしょう。

例えば、マイファームの創業者・西辻一真さんは、ご自身が住んでいる地域の田畑が作付けされていないことに気づき、耕作放棄地の解消という「社

会の問題」をテーマに事業を立ち上げています。

「社会の問題」が起きているということは、何らかのストレスが社会で発生しているからで、その原因を知ることが「社会の問題」に取り組むきっかけになります。

社内で新規事業を立ち上げる場合、「社会問題」を事業テーマにする

新規事業の場合、どうしても個々のアイデアに焦点を絞りがちですが、大きな括りで事業のテーマを設定することが大事です。特に、社内で新規事業を立ち上げようとした場合、社内のプレゼンテーションで勝ち残るには、どのように事業のテーマを設定するかがカギになります。

例えば「保育園の待機児童問題の解決」を事業のテーマとした場合、次のようなアイデアが考えられます。

> ・新規に保育園を作る
> ・保育園に代わる児童預かりサービスを立ち上げる
> ・保育士育成の学校を作る
> ・リモートワークを支援するサービスを立ち上げる
> ・児童と親が一緒にいられるワーキングスペースを作る

このように、ビジネスのアイデアは個々にいくらでも出てくるはずで、事業のテーマの中にいくつものアイデアがあるイメージです。

しかし、ここで「事業のテーマとは事業の軸」であることを認識する必要があります。

事業のテーマに沿わないアイデアであれば、例え、どんなに儲かるビジネスであっても行うべきではありません。「事業の軸」であるテーマがブレたままでは、結局あちこちに手を出して、どのアイデアも成果を得られずに終わってしまいます。

思いついたビジネスのアイデアを検証すると、そもそも何のために新規事

業を立ち上げようとしているのか、よくわからなくなってしまうこともあるでしょう。そうした場合は事業のテーマを改めて確認するようにします。

前述したオムロンでいくつもの新規事業を立ち上げた竹林一氏は、社内で新規事業を通すにはビジネスのアイデアよりも、「事業の軸」をはっきりさせた上で上司にプレゼンし、事業のテーマを認めてもらうことが大事だと述べています。

その理由は、根本である事業のテーマを認めてもらえれば、事業のテーマに基づいて個々のアイデアを検証していくことができるからです。

保育園の場合であれば、「新しい保育園の立ち上げ」というアイデアでプレゼンするのではなく、事業のテーマを「保育園の待機児童問題の解決」と設定し、プレゼンすべきだということです。

ビジネスのアイデアは、どれが当たるかはわかりません。事業のテーマで上司の合意を取り付けておけば、考え抜いたアイデアが駄目だったとしても、他のアイデアで、またアプローチすることが可能です。

思いついたビジネスのアイデアによってアプローチしようとすると、どうしても会計的な視点などで上司から判断されてしまうことになります。

しかし、事業のテーマであれば、「取り組むべき価値があるか否か」という上司の視点に対してアプローチできるので、細かい会計的なことなどで判断される確率は極めて低くなります。

例えば「保育園の待機児童の問題」を事業のテーマにした場合、上司にしてみれば「待機児童の問題を解決するな」とは言いにくいはずです。一方、「新しく保育園を作りたい」というアイデアで上司にアプローチすると、「採算性はどうなるんだ」などと突っ込まれることになります。

社会との関係作りは、事業のテーマを設定する際に役立ちます。周りからの「共感」も得られるようになるので、社会のどの問題を、どのように解決したいのかを常に意識することが肝要です。

新規事業
立ち上げのための
思考変革

テック系新規事業において、立ち上げの一番の障害になるのは、思考の仕方（マインド）です。新規事業は既存事業と使う脳が全く違うため、新規事業に関する知識やノウハウを得たとしても、スキルを使う思考（マインド）が変わらないと、途中で立ち行かなくなってしまいます。Chapter3では、個人と組織、両方の観点から、新規事業に求められる思考とは何かを解説します。

新規事業に適した
人材育成を意識する

新規事業の立ち上げ方について、私が一番相談されるのがSEの業界です。SEの業界には優秀な技術者が多数いるにもかかわらず、なぜか上手くいきません。また、経営者の考え方にも問題があるようです。Chapter3-1では、その背景にある"技術力があっても新規事業が育たない理由"について述べることにします。

新規事業で問われるのは"経営者の本気度"

　私は、自社で新規事業を立ち上げたいという経営者にお会いする機会が多いのですが、本気でその希望を叶えたいという方がどの程度いるのかというと、ほとんどいない気がします。

　残念ながら、なるべくお金をかけずに、リスクも取らずに新規事業を立ち上げたいという話ばかりで、これでは当たる保証のない宝くじをとりあえず購入するのと同じです。

　そこで、業務時間の何％かを自分の好きな業務に費やすことを認め、社員のイノベーションを喚起する制度を採用している企業について紹介します。

　外資系企業では3Mの15％ルール、グーグルの20％ルール、日本企業でも丸紅が15％ルールを導入しました。中でもユニークなのが3Mです。

　3Mの場合は、認められている15％の時間で社員が何をしているのか、上司は知ることができない決まりになっているそうで、その理由は経験豊かな上司があれこれ指図するのを避けるためだといいます。

　この方法は、社員の業務時間に関わりがあるにしても、新たな経費を必要としないので、経営者は取り組みやすいと言えるでしょう。また、斬新な新規事業のアイデアが期待できるかもしれません。

　しかし、このルールを額面どおりにとらえると、給与500万円の会社員はそのうちの15％、年間75万円分についてまだ利益を生まない新規事業に時間を使ってもいいということになります。これを、全社員に当てはめると、

かなりの金額を投資することになります。経営者であればこれが如何に大きいな数字であるか、わかるはずです。

　この数字を目の前にして、OK と言える経営者がどれだけいるのかというと、大体の経営者は「既存事業は手を抜かずに、空いた時間で新規事業についても考えて欲しい」という声が返ってきそうです。

　本気で新規事業に取り組もうとするならば、それなりのマンパワーを投入しなければなりません。なぜなら、新規事業の立案は社員がサブワーク的に行うには限界があり、元々 "経営者の本気度" が問われる大切な課題だからです。

　いずれにせよ、「二兎を追う者は一兎をも得ず」の例えにならないように、限りあるリソース（経営資源）を如何に活用するかが、新規事業を成功に導くためのカギになり、身を削る覚悟がないと新規事業は立ち上がらないと言えます。

　これは余談ですが、企業の方から「失敗せずに成功する方法を教えて欲しい」という質問をもらうと、私はいつも「それがわかっていれば誰でも新規事業で成功できます」と答えることにしています。

不況になると新規事業に真剣に取り組むようになる

　新規事業の立ち上げを一番難しくしているのは、すぐに利益が得られることも、利益が確実に上がっていく保証もないことです。Chapter2 でも述べたとおり、企業の実績は、どうしても会計的な視点で評価する傾向が強いので、新規事業よりも既存事業で手堅く利益を上げることを優先してしまいます。

　その結果、せっかく新規事業のプロジェクトを立ち上げたとしても、いつまでもサブワーク的な扱いになり、あえてリスクを取ってまで新規事業にリソースを割こうとしません。

　しかし皮肉なことに、多くの企業が不況になると新規事業に真剣に取り組み始めます。事実、リーマンショックや東日本大震災のあと、先行きが見通せない時に新規事業のブームが起き、あちこちでイベントが開催されていました。そして景気が良くなると、逆にどんどんそのブームは下火になってし

まうのですが、こうした経緯には、まさに「喉元過ぎれば熱さを忘れる」ということわざが当てはまるでしょう。

　既存事業の収益が失われていく状況になって、初めて新規事業にスポットを当てようとしても、残念ながら焦りや不安から新規事業に取り組んでも上手くいきません。

　事業を立ち上げる際、「成功させなければならない」というプレッシャーがかかると、人は余裕をなくします。また、既存事業の収益が不安定な状況では新規事業に取り組んでも、もし、上手くいかなければ経営を圧迫することになります。

　その上、新規事業に社運を賭けると、賭け事のようになり、さらにリスクが膨らんでいきます。

　テレビなどでは「新しい取り組みが会社の窮地を救った！」という話が取り上げられることがあります。しかし、それはごく一部の話に過ぎず、多くの企業が新規事業の立ち上げに失敗し、そのまま駄目になっていることを忘れてはなりません。

　新規事業は一発逆転できるほど甘くはありません。したがって、経営が安定している間に新規事業に取り組むのがベストで、全社一丸となってチャレンジすることが大切です。

　例えばリクルートは、経営者はもちろん、全社的に危機意識を持って、常に新規事業の立ち上げに取り組もうとしています。

　既存事業で経営が安定していても、経営者は「いつまでも安定した状態は続かない」という意識を持ち、社員にもその意識が浸透していないと、本気で新規事業に取り組むことはできません。

　また、片手間で新規事業に取り組めると思い込んでいるのであれば、そうしたチャレンジはいずれ無駄に終わるはずですから、既存事業を大切に守っていくほうが経営は安定するでしょう。

　さらに言えることは、新規事業に取り組む担当者は、経営者の新規事業に対する本気度を確認しておく必要があるということです。なぜなら、立ち上げの初期段階で「儲からないから」という理由によって、せっかくの新規事業が頓挫してしまう可能性があるからです。

人材育成に投資しなければ新規事業は生まれない

　社内で新規事業を立ち上げようとする際、「優秀な人材さえいれば、新規事業は立ち上がる」と思い込んでいる経営者の方は多くいるようですが、それは大きな勘違いです。

　田中聡著、中原淳著『「事業を創る人」の大研究』（クロスメディア・パブリッシング、2018年）によると、日本能率協会が「新規事業の推進を阻む疎外要因」を調査した結果、75％近くが「人材不足」と回答し、この数値がトップだったそうです。

　言い換えれば、新規事業が上手く立ち上がらないのは、社内に優秀な人材がいないせいにしているということです。
「行動力のある優秀な人材がいれば、新規事業は立ち上がる」と信じているケースでは、社外から新規事業の担当者を採用しようとします。また、外部のコンサルタントなどに事業戦略を依頼して、新規事業を立ち上げようとするケースもあります。

　しかし、既存事業であれば、こうしたことで事業の売上を伸ばすことは可能でしょうが、新規事業の場合はそうはいきません。

　社外からいくら優秀な人材を招いたとしても、既にいる社員との関係を築くことができなければ、新規事業のチーム作りができずに、そのまま尻すぼみになってしまいます。

　一方、外部のコンサルタントから、どんなに優れた事業戦略を提出されたとしても、それを実行できる部隊が社内にいなければ、企画書等々の書類だけが残り、計画倒れに終わってしまうでしょう。

　もちろん、場合によっては人材を募集することも、外部に事業戦略を委ねる必要もあると思いますが、そうした状況は、裏返してみれば日頃から社員の育成、つまり人材に投資をしていないという証でもあります。新規事業を立ち上げるだけの人材を、社内で育て上げなければ、いくら社外に頼っても、新規事業を創出することはできません。要は、人材育成を惜しまずに、社員の能力開発とマインド向上を図ることが必須になるということです。

企業が求める「マネジメント脳」を持つ人材

　繰り返しになりますが、新規事業を立ち上げる際に、問題をややこしくしているのが、「優秀な社員＝新規事業の創出」にはならない、ということです。

　経営者に「どのような人材が欲しいか」と尋ねると、多くの場合「仕事ができる優秀な人」という抽象的な答えが返ってきます。しかし、この「優秀」という言葉がくせ者です。

　世間一般でいう優秀な人とは、偏差値が高い高校・大学の出身者で、頭の回転が速く、仕事を効率的に進める処理能力の高い人間のことを指します。その能力を箇条書きにすると、次のようになります。

- ・仕事の処理能力が高い
- ・仕事の段取り（整理）が上手い
- ・言われたことを理解するのが早い
- ・効率的に行動できる
- ・きっちりとした計画が立てられる
- ・計算が得意

　私はこうした能力を「マネジメント脳」と呼んでいます。

　この能力を備えている人は目標を立て、物事を実行する時にその能力を発揮し、成果を出します。日本の場合、高学歴の方にこうした人が多いのは、受験勉強で「マネジメント脳」が求められるからです。他の受験生と同様に与えられた時間・環境の中で効率的な勉強法を見つけ、きっちりと計画を立てて勉強できた人が、受験戦争に勝利しています。

　もちろん、偏差値やIQ（知能指数）の高い人などは、難関と言われている高校・大学に合格できるでしょうが、ほとんどの人は地道に勉強しないと目標とする高校・大学に合格することができません。

　弁護士などの資格試験も同じで、「マネジメント脳」を持っている人は短期

間で目標を達成できると思いますが、その能力がない人は相当努力しなければならないでしょう。

　既存事業を発展させる人材と言えば、「マネジメント脳」を持っている人が適切だということは間違いありません。この能力を備えている人は、自分を律し、物事の処理能力も高いので、与えられた課題に対して確実に成果を上げることができます。

　したがって、多くの企業がこぞって高学歴の「マネジメント脳」を備えている人材を採用しようとするのは理にかなっているわけです。

　とはいえ、新規事業の場合は「マネジメント脳」を備えているからといって、新規事業を立ち上げられるとは限りません。

　私は個人の方に起業支援という形でコーチングを、また25歳以下の方には事業創造についてトレーニングを行っています。参加される方は、中卒の方からアメリカの有名大学のビジネススクールを修了した方までいろいろです。

　これまで400人近くの受講者に接してきて、学歴によって起業の成功率が変わるかというと、全く関係がないことがわかりました。中卒であっても年商10億円近いビジネスを立ち上げた方もいますし、世間で三流と言われているような大学を出た方でも、社員数約100名の企業を育てています。

　つまり偏差値や学歴に関係なく、どのような人材でも新規事業を立ち上げるのは可能だということです。

　ちなみに、日本最大級のファッション通販サイトZOZOTOWNを創立した前社長の前澤友作さんも大学は出ていません。

　そもそも日本の教育は起業家を育てるようになっていません。多くの大学が、概ね優秀な組織人を育てることを基本としているため、新規事業に向かない人ばかりで育成されているように思います。優秀な人材を集めたからといって、新規事業が立ち上がる保証はどこにもないのです。

新規事業には「イノベーション脳」が求められる

「マネジメント脳」と対比して私が定義しているのが「イノベーション脳」で、その特徴を挙げると次のようになります。

- 新しいアイデアが次々に出てくる
- チャレンジ精神があってへこたれない
- 自分から周りに働きかけるようにしている
- 常に問題意識を持ち、何かを変革しようとしている
- 他人にも自分にも気づくことができる
- 強烈な個性を持っている

「イノベーション脳」の持ち主と言えば、皆さんよくご存知のスティーブ・ジョブズ（アップルの共同設立者）、ビル・ゲイツ（マイクロソフトの創業者）、マーク・ザッカーバーグ（フェイスブックの創業者）、ジェームズ・ダイソン（ダイソンの創業者）などに代表され、この能力を持ち合わせている起業家の名前を挙げれば枚挙にいとまがありません。

　また、日本においては、ソフトバンクグループの孫正義氏をはじめ、スタートアップ界の起業家も同じような特徴を持ち合わせています。「イノベーション脳」の持ち主は、常に何かを変革したいと思っているので、周りの変化に気づく能力や起きていることへの関心度が、並外れて高いところがあります。

　また、他人が当たり前と思っていることに不満を持ったり、自分のストレスに敏感だったりして、「変化しない」状態でいることに満足しません。つまり、ガマンできない人が多いということです。

　ダイソンがサイクロン方式の掃除機を作ろうとしたきっかけは、自宅で使っていた掃除機がすぐに詰まってしまい、「これを何とかしたい」と思ったからでした。もし彼が「イノベーション脳」を持ち合わせていなければ、掃除機が詰まるのは仕方ないと諦めていたかもしれません。「イノベーション脳」の持ち主の中には、人を引き寄せる力があっても、スティーブ・ジョブズのようにマネジメントが不得手な人もいます。彼はのちにアップルへの復帰を果たしたものの、会社を追い出された時は部下が彼の要求に全くついていけませんでした。

「イノベーション脳」の持ち主は、組織を重んじる日本の企業・団体に合いません。なぜなら旧態依然とした組織を嫌い、常に変革を求めて新しいことにチャレンジしようとするからです

　ということは、組織を守ろうとする経営者にとって「イノベーション脳」の持ち主は、使いにくい人材ということになります。

　一方、サイバーエージェントやヤフージャパンなどのIT系のスタートアップ企業などは、「イノベーション脳」を備えた人材が自社の事業の担い手になるという期待から、そうした人材を積極的に採用しています。

　私が支援した学生の中に、東証一部へ上場を果たした某IT企業の経営者の講演会へ行き、講演直後にビジネスのアイデアをプレゼンテーションしたところ、その経営者にスカウトを受け、採用されたという人がいました。「イノベーション脳」を備えた人材が多く在籍している企業であれば、「イノベーション脳」の持ち主は異端児扱いされることはないでしょう。しかし「マネジメント脳」の人が大勢を占める企業では拒否されてしまい、新規事業の担当者として誘われたものの、すぐに窮屈になって辞めてしまったという話をよく聞きます。

　せっかく、新規事業で必要とする「イノベーション脳」の人材を採用したとしても、受け入れる状況を作らないと、すぐに辞められてしまいます。

「イノベーション脳」は何歳になっても身に付けられる

「イノベーション脳」は生まれつきのものなのでしょうか?

　スティーブ・ジョブズのような天才肌の人は、生まれつきであるかもしれませんが、置かれた環境によって、誰でもが「マネジメント脳」でも「イノベーション脳」でも自分のものにすることができます。

　先述したビル・ゲイツ、マーク・ザッカーバーグをはじめ、ラリー・ペイジ（グーグルの共同創業者）、セルゲイ・ブリン（同）、ジェフ・ベゾス（アマゾンの創業者）、イーロン・マスク（米電気自動車大手テスラのCEO）など、スタートアップ界の超有名起業家たちはモンテッソーリ教育という早期・幼児教育を受けていたと言われています。

モンテッソーリ教育とは、誰もが能力を伸ばせるということを前提に、子供たちが自発的に学べるように指導する教育方法です。この教育に携わる教師は「これをやりなさい」と指示を出すのではなく、子供たちが好きになったことを自由に学べるようにしているそうです。

また、子供たちの中で「勉強したくない」という子供がいても、その気持ちを尊重し、勉強したくなるまで待つようにしているようです。

つまり、カリキュラムに沿って、学ぶことを子供たちに押し付ける日本の教育現場とは真逆のことが行われているわけですが、学校教育をとっくに終えている社会人にしてみれば、いまさら早期・幼児教育の話をされてもピンとこないかもしれません。

しかし、人の脳は80歳、90歳になっても発達し続けることが、発達心理学で証明されています。「万能の天才」と呼ばれるレオナルド・ダ・ヴィンチ（1452〜1519年）は、終生、学び続けていたことに注目すべきです。

私は日頃、高校生から60歳近くまでの方々に事業創出のプロセスについてお伝えしています。従来、指示されていたことだけをこなしてきた方でも、年齢や経験に関係なく、自分の関心事を見出すと積極的に新たなことに取り組み始めます。要は、「イノベーション脳」は何歳であっても身に付けることはできます。

新規事業の立ち上げにはトレーニングが必要

他社のビジネスをコピーすることや、ノウハウを入手したからといって、必ずしも新規事業が成功するとは限りません。ゼロから新規事業を立ち上げるには、それなりの努力が求められるので、スポーツのようにトレーニングが必要になってきます。

例えば、「どうすればヒットが打てるのか」とイチローにノウハウを教えてもらっても、バットに触れたことがなければ、ヒットを打つのは至難の業です。速い球に目が慣れるよう、トレーニングを積み重ねなければ、教えられたようには体を動かすことはできません。

同様に「イノベーション脳」を獲得するためにも、トレーニングが必要に

なります。トレーニングを繰り返すことによって失敗が減り、ヒットの確率が上がっていきます。

　もし、トレーニングをせずに新規事業を立ち上げようとすれば、ただやみくもにバットを振る素人と同じことです。

　とはいえ、ごくまれにトレーニングなしで新規事業を成功させてしまう能力の持ち主がいます。いわゆる「天才」と言われる人です。このような人は課題を見つけ、その中の問題を自ら進んで解決します。

　つまりは、新規事業を立ち上げるには、それなりの人材をトレーニング（育成）する環境が必要だということです。その一方、新規事業開発室やイノベーション室といった、新規事業のために新たな部署を設けるのは、全く無駄というものです。ただし、新規事業を立ち上げる担当者をサポートするということで部署を作るのであれば、意味があります。

　新規事業のために社内でアイデア募集を行っても、何らかの制度を新たに導入したとしても、新規事業が立ち上がらないのは、新規事業のためのトレーニング環境が整っていないからです。

　リクルートは「Ring」という新規事業提案制度を設定して、同グループの従業員であれば、誰でも新規事業の人材としてエントリーできるシステムを導入しています。

　形式的には新規事業のためのコンテストですが、提出された事業プランにはメンターやコーチがつき、初めて新規事業にチャレンジする従業員であっても、アドバイスを受けながら新規事業を立ち上げることができます。この制度には何回もチャレンジできるので、従業員の中から新規事業を立ち上げる人材が育つことが期待できます。

　また、ソニーも Sony Startup Acceleration Program（SSAP）というプログラムによって新規事業の支援を行っており、それも社内だけでなく社外にまでオープンにし、収益よりも人材育成を優先しているところが特徴です。

　これから新規事業を立ち上げようとしている企業は、リクルートとソニーのこの取り組みを是非参考にして欲しいと思います。とはいっても、経営者の立場から見れば、すぐにでも人材が育ってくれることを願うのが普通でしょう。

しかし、新規事業を立ち上げるための人材育成には、それなりの時間が必要です。私のこれまでの経験では、最低でも3年程度はかかり、5年を越えると新規事業を立ち上げられるようになると判断しています。

　ただし、これはまだビジネスを経験したことがない大学生のレベルから育成した場合の話で、ある程度ビジネスを経験している人であれば、もっと早く成果を出せるようになるかもしれません。

新規事業が「育つ」ための組織作りに取り組む

「新規事業を鼓舞するような制度を作っても使われない」「専門部隊を作っても立ち上がらない」「制度や部署を作っても新規事業が立ち上がらない」など、これらは会社組織に問題があるからです。新規事業の受け皿となるような組織作りを行わないと、掛け声倒れに終わってしまいます。Chapter3-2では組織の観点から新規事業について述べます。

日本型組織体系のメリットとデメリット

　日本の組織体系の特徴と言えば、年功序列の制度が挙げられます。学歴や年齢、勤続年数に応じて給与などが定められ、役職につくチャンスも得られる制度です。

　年功序列の制度によって生み出されるカルチャーは、上司の言うことは絶対、個人よりも組織、前例主義等々で、長年、日本企業・団体の組織体系の基盤となり、戦後、日本が高度成長を遂げられたのも、この年功序列の制度のおかげでした。

　この制度の強みは、一度定めた目標に向かい、一致団結してチャレンジすることです。個人の意見よりも組織の論理が優先されるので、社内で余計な衝突が起きることはなく、上司が部下にいちいち細かく仕事の意義について説明をする必要もありません。

　また、実績のある方法が認められやすいということから、失敗の可能性があることには極力手を出さずに、成功が確実に見込める事業だけにリソース（経営資源）を集中させることができます。

　この年功序列の制度のおかげで、経営者が目標設定を間違わない限り、経営目標を達成することが可能になるわけですが、欧米の企業から見ると、この日本ならではの制度に違和感を覚えるようです。その典型が社会人になりたての、若い人たちのいわゆるリクルートスーツ姿です。新入社員が一律に紺のスーツを着ている姿も異様に映るかもしれません。

とはいえ、こうした一体感が日本型組織体系の強みでもあります。

日本型組織体系のメリットは、「できるだけ長く自社で働こう」と多くの社員が考えているので、ライバル企業への人材流出が少ないのと同時に、知的財産の流出を避けることができます。また、スキルやノウハウが蓄積されるので、長期にわたって見た場合、企業への貢献度が高くなります。現在、GAFA（Google・Amazon・Facebook・Apple）の平均勤続年数は2年と言われています。いずれの企業も従業員がすぐに離職してしまうため、「知の蓄積」が難しくなり、常に新しい人材を獲得しなければならない状況になっているようです。

一方、日本型組織体系のデメリットは、上下関係が優先され、上司の意見が重要視されることです。部下が優れたアイデアを提案したとしても、上司が意見すると、それに従わざるを得なくなり、新しいことが生まれにくくなっています。結果として、上司が理解できないことはすべてボツということになり、上司がボトルネックになってしまうわけです。

上下関係を重んじる組織は忖度という慣習を生み、上司を超える、つまりは、社長を超える案が出てくることは極めてまれという状態です。

日本の企業・団体の職場では、「お前に任せた」という言葉を部下に投げかける上司が多いようです。しかし、「任せた」と言っておきながら、部下が取り組んでいることに次々に駄目出しをするだけで、任せ切れない上司が新規事業を立ち上げにくくしているとも言えます。

新規事業を立ち上げるには個人のアイデアを拾っていくことが必要

誰かと同じような視点で生まれた新規事業は、立ち上げ後、すぐに真似されて資金力がものを言う世界に巻き込まれてしまいます。

最近では、キャッシュレス化の波に乗って電子決済を提供する企業同士が、キャッシュバックキャンペーンの熾烈な争いを繰り広げている例が挙げられます。いずれの企業が勝利するにせよ、豊富な資金がない限りこの競争には勝てません。

誰もが思いつき、真似のできるビジネスは、余程の資金がなければ取り組

むべきではありません。また、メディアを通じて得られるような情報を拠り所にビジネスを立ち上げようとしても、どれも同じようなパターンになるだけです。

　新規事業の場合は、個人のアイデアが競争を勝ち抜くための重要なポイントになります。例えば、コーヒーの発売というありふれたサービスであっても、前述したスターバックスのように、イタリアのコーヒーショップでの体験がきっかけになったという創業者の熱い思いがあるだけで、新規事業は他社との差別化を図ることができます。

　ということは、社内で新規事業を立ち上げようとする際に、担当者を決めるだけではなく、広く個人のアイデアを拾っていく仕組みも設けたほうがベターだということです。社員の誰もが新規事業のアイデアを出せる環境にあれば、従来にない新規事業が生まれやすくなるはずです。

　先述した外資系企業や丸紅が導入している、業務時間内で自由に事業のアイデアを考えられるという15％や20％ルールなどは、まさに社員の誰もが新規事業立ち上げのチャンスが得られる仕組みで、社員一人ひとりが自分の関心事を研究し、取り組むことができるからこそ、個人ならではのユニークなアイデアが期待できるわけです。

　一方、日本型の組織体系になっている企業の場合は、どうしても上司が主導する縦割りの風潮が定着してしまいます。誰かが普段の業務と違うことを行っていると「サボっている」というレッテルを貼られ、不況和音が組織内に起きやすくなります。違うことをしていても、それでいいという風潮が組織内に根付かないと、新規事業のための制度だけを作っても、誰も馴染まないことになってしまいます。

　したがって、新規事業を立ち上げようとする際は、制度そのものに関心が集まりがちですが、組織よりも個人を優先するというシステムが設けられるか否かがカギになります。

既存事業と同じ評価制度のままでは意味がない

　大多数の日本企業では、人事評価の方法が人事部に集約され、どこの部署

に所属していても、同じ評価基準で社員を評価するシステムが一般的です。いわゆる、レイティング方式と呼ばれている人事評価制度です。

　これには評価項目が設定されていて、各項目に付けられた点数に基づいて評価する側が判断をし、評価していきます。

　この方式のメリットは、全社員を一律同じ尺度で評価することができるため、違う部署であっても社員の能力を判断しやすいことです。また、評価項目がテンプレート化されているので、誰であっても同じように評価できるというメリットもあります。

　ただし、既存事業でのルーチンワーク的な業務であれば、この方式でも社員を評価することはできますが、新規事業の場合は、一生懸命にチャレンジしている社員ほど評価されないという矛盾が生じます。

　なぜなら、評価制度が既存事業を上手く回せた社員を評価するようになっているため、例えば、プロトタイピングやテストマーケティングをしていて何も成果が得られなければ、評価できないからです。つまり、いわゆる成果主義は新規事業の場合、マイナスに働いてしまいます。

　こうした背景があるせいか、最近、欧米ではノーレイティング方式（ランク付けしない）という人事評価が導入されています。

　これは社員を期末や年度末に一律に評価するのではなく、リアルタイムの目標設定とフィードバックを実施する中で、上司がその都度、部下と面談しながら評価していく方式です。

　ただ、ここで1つ問題になるのが上司の評価能力です。評価方式がマニュアル的でない分、上司の面談能力が求められることになります。昨今、1on1といった上司と部下との定期的な個別面談を導入する企業が増えているなど、個別面談の重要性が理解されるようになってきました。しかしながら、部下に寄り添いながら部下の話しを聞く作業は、部下への「指導」に慣れてしまった上司からすると、考え方を変えることはなかなか大変です。実際、中間管理職向けの研修を行っていると、部長クラスになればなるほど最初の抵抗感が高いのを感じます。

　また、新規事業部門の人材を評価するのであれば、後述するプロセスに対する評価が重要になってきます。新規事業は成果がすぐに見えにくいため、

成果が出てくる前の状態において、新規事業にどのような貢献をしたのかを評価する必要が出てくるからです。

以前、私は"デザイン思考"で知られているスタンフォード大学のd.schoolで学ばれた方に、教授たちの学生に対する評価方法について質問したことがあります。なぜならば、学生の知識をペーパーテストで問うなど、一律に評価する仕組みがないにもかかわらず、成績の評価ができる理由を知りたかったからです。

その方の返答は「教授たちは、質問の仕方や、授業中に気づいたことを他の学生にシェアしている様子などを見て、チェックしている」ということでした。つまり、単に質問が多ければいいというわけではなく、他の学生にとって参考になる発言や行動がとれたのか、チームに対してどのように貢献できたのかによって、教授たちは個々の学生を評価していることがわかりました。ということは、途中で学生がどのような行動をしているのか、常にチェックしているわけです。これがいわゆる結果主義であれば、レポートなどのアウトプットだけを見ればいいので、評価に対するエネルギーのかけ方の違いがわかるでしょう。

本気で新規事業を立ち上げる人材を育成したいのであれば、評価制度を改めて見直す必要があります。そうしない限り、上司が新規事業の人材を潰しかねません。

結果よりもプロセスを重視する

新規事業を評価する際は、結果ではなくプロセスを重視したほうがいいと言えます。

ビジネスにおいて結果を重視するということは、事業もしくは仕事を具体的な数字によって最終的に評価することで、周知のとおりそれは決算書の数値になって表れます。

新規事業は事業活動の一環ですから、もちろん利益を目的として立ち上げられます。ただし新規事業の場合は、結果が出るまでに相当な時間を要するので、結果を重視して短期的に評価してしまうと事業として成長する前に、

その芽を摘んでしまいかねません。

　一方、プロセスを重視する場合は、プロセスで評価するので、ある時点での数字が悪くても、「顧客と良好な関係が築けているか」「顧客満足度が高いか」「周囲の期待度が高いか」といった数字に表れないところが重んじられます。

　結果を重視する場合は、例えば、納品を優先するあまり製造工程の小さなミスを軽視してしまい、のちにそれが不祥事となって大きなダメージになることもあります。

　営業マンを例に挙げれば、どのような売り方をしても、とにかく売上の数字のいい人が優秀とされます。したがって、結果的に数字が良ければ、不祥事さえ黙視してしまう傾向があるので要注意です。

　結果を重視する場合のメリットは、最終的な数値で事業もしくは仕事の内容が客観的に把握できることです。

　プロセスを重視する場合のメリットは、結果に至るストーリーを追うことができるので、予想外の結果になったとしても、その原因が発生した時点まで戻って軌道修正しやすい点です。ただし、プロセスの評価が人によって異なるため、方向性の良し悪しや途中段階での努力などについて評価しづらい面があります。

　新規事業の場合は、プロセスをどのように進めるかが重要になります。特に立ち上がりの段階で結果を重視すると、方向性を見誤ったり小さなミスに囚われやすくなったりするので、結果をあまり意識しないように心掛けるべきでしょう。

　また、新規事業においては、最初に決めた目標が急遽変更されることがあり得るので、目標に達しなくても許容されることもあります。

　新規事業の成功事例を見ると、何年も苦労を重ねてようやく成功したという例がほとんどで、短期間で結果を出せたというケースはあまりありません。繰り返しになりますがChapter1-2で紹介したパイロットの「消せるボールペン」の場合、開発するのに30年かかっています。

　これを会計的な視点で期間を短く区切って、その都度評価してしまうと、将来大化けするかもしれない事業であっても、一向に育たないことになって

しまいます。

　新規事業では、なかなか良い結果が得られない時期があったとしても、創業者がその苦しさを耐え忍ぶことによって、最終的に成功したという例が多々あります。

　社内における新規事業の場合、立ち上げから数カ月といった短い期間であっても良い結果が得られなければ、その責任を問われることになってしまい、事業の継続が困難になります。

　また、「弊社はプロセスを大事にしている」という創業者の声をよく聞きますが、私のこれまでの経験では、実はそうした姿勢とは真逆で、企業の現場で耳にするのはいい数字ばかりを求める上層部の声です。

　事業が最終的に決算書という形で評価される以上、結果を重視するのは致し方ないとはいえ、こうした声によって新規事業の担当者が苦しめられることを、上層部の人ほど知っておく必要があります。

　いい結果を早く求める上層部と、プロセスを大事にしたい現場との間で食い違いがあるのは、イメージしている成長線と実際の成長曲線が異なるからです。

　新規事業が成長する場合は「Jカーブ」と言われる成長曲線を描くことがほとんどで、最初は非常に低調な線を描くように事業が伸びていきますが、ある時点を境に急上昇します。

　一方、ステークスホルダーである経営者や株主は、常に右肩上がりの成長を期待します。新規事業が正当に評価されない原因は、ステークホルダーが期待する成長曲線と「Jカーブ」のギャップにあります。

　理想的な評価の仕方は、低成長の時はプロセスを重視し、成長を遂げるようになったら結果を重視して評価することです。そうすることによって、せっかく立ち上げた新規事業を早い段階で諦めることも、中途半端で終わらせることもなくなるからです。

　いずれにせよ、新規事業を立ち上げる際に、新規事業の担当者と上司との間で、成長曲線のイメージについて、事前にすり合わせができているかがカギになります。

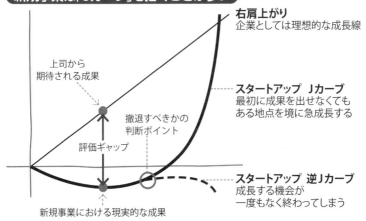

新規事業は「Jカーブ」を描くことが多い

右肩上がり
企業としては理想的な成長線

上司から
期待される成果

スタートアップ Jカーブ
最初に成果を出せなくても
ある地点を境に急成長する

撤退すべきかの
判断ポイント

評価ギャップ

スタートアップ 逆Jカーブ
成長する機会が
一度もなく終わってしまう

↑
新規事業における現実的な成果

リスクを許容する環境を！

　入社式などでは、よく「リスクを恐れずにチャレンジして欲しい」という社長の言葉が聞かれます。しかし、組織そのものがリスクを許容する環境になっていなければ、リスクを取ろうとしても取れないままで終わってしまいます。

　特に信賞必罰（手柄のあった者には必ず賞を与え、過ちを犯した者は必ず罰すること）の慣習が根強く残っている日本の企業・団体の場合は、経歴にマイナスの要素があると将来に希望は持てなくなります。

　したがって、日本の組織は、ミスなく、リスクを取らない人が昇進しやすい環境のため、リスクを恐れずに新しいことにチャレンジしようとする人材が、なかなか育たないことになります。

　こうしたことを象徴するのが前例主義で、何か新しい試みを実行しようとしても、他社の成功事例がないと上司は導入しようとしません。この傾向は業界を問わず、日本の悪しき慣習と言えますが、前例に倣ってばかりいては何事も発展しないことを、特に重席を担う人は肝に銘じる必要があるでしょう。

　先ほどのブルーオーシャンパラドックスでも説明したとおり、前例主義的

な上司だからこそ、新規事業であるにもかかわらず、会議において「そのビジネスアイデアは他で成功した前例があるのか？」という発言をしてしまうのです。

リスクばかり気にして前に進めない状況を打破するためには、再チャレンジしやすい環境を整えるべきです。失敗しても、他で挽回できるチャンスがあることを明確に示す必要があります。

そのためにも人事評価をオープンにし、再チャレンジで成功した事例を沢山積み重ねていくことです。こうした環境が整えば、社員はリスクを恐れずに新規事業に取り組めるようになるはずです。

加えて、小さなリスクを社員に何回か経験してもらうことは重要なことです。

画像処理ソフトウェアの大手として知られるアドビシステムズは、「キックボックス」と呼ばれる厚紙でできた小さな赤い箱を社員に配っています。

その中には、説明書、ペン、付せん紙2組、ノート2冊、スターバックスのギフトカード1枚、チョコレートバー1つ、そして（何より重要なものとして）1,000ドル分のプリペイド式クレジットカードが入っており、社員はこのカードを必要に応じて自由に使うことができ、経費報告書を提出する必要もありません。

与えられたこの経費を使って新規事業のアイデアのプロトタイプを作り、最終的には成果を発表することになっていますが、大事なことは、もし失敗したとしても、それが評価に響くことがないということです。結果として社員は1,000ドルという範囲内で思う存分リスクを取ることができますし、失敗したとしても、また新しいアイデアで再チャレンジすることができます。

このようにリスクを取ることが推奨されるような環境を整えていかないと、いくら号令をかけても、誰も新規事業にチャレンジしなくなってしまいます。

新規事業が生まれやすい組織を作るために

日本型組織体系の弊害については先に説明したとおりですが、組織が新規

事業を受け入れる体制になっていないと、いくら号令をかけても新規事業は生まれません。

　新規事業が生まれやすい組織とは次の4つです。

❶ 誰もが意見を言うことができるフラットな組織
❷ 個人の個性が認められる組織
❸ 新規事業に応じた評価制度が設けられている組織
❹ 誰もが再チャレンジしやすい組織

　❶の「フラットな組織」とは、上意下達がなく、社員の一人ひとりが何のために仕事をしているのかを理解し、組織のために最適な貢献をしようとしている状態です。最近では「ティール組織」という組織モデルが日本でも紹介されて話題になっています。

　ティール組織とは上意下達とは真逆の考え方で、社員の一人ひとりが権限と役割を持ち、自ら能動的に企業に働きかけられる組織です。この環境が整っていると、上司に対して自由に意見が言えるようになります。

　❷の「個人の個性が認められる」という状態は、社員の一人ひとりが、言いたいことを自由に言い合える環境が整っていなければ成立しません。社員の誰もが、自分の関心事に積極的に取り組めるようにするためには、その意思を自由に表明できる場が必要です。

　そのためには職場における心理的安全性が担保されていることがポイントになります。心理的安全性とは、自分の発言に対して他者から批判や攻撃されることがなく、自分の考えをオープンにできる状態のことをいいます。グーグルがチームの心理的安全性を高めるとチームのパフォーマンスが上がり、創造性が富むようになるという研究成果を発表し、注目されるようになってきました。

　個人よりも組織の論理が大事と言っているようでは、とてもイノベーションを起こそうという人材は輩出できません。

　❸の「新規事業に応じた評価制度」とは、社員が新規事業に安心して取り

組めるようにする制度です。ただし、先ほど紹介したノーレイティング評価制度は、レイティング評価のようにあらかじめ設定された項目やランクがあるわけではないので、その都度、しっかりと部下の意見を聞くようにする必要があります。そのため、レイティング評価と比べて何倍も時間と手間を要するので、導入する際には、評価する側からの抵抗を覚悟する必要があります。

❹の「誰もが再チャレンジしやすい」環境とは、社内に何度でも新規事業にチャレンジしようというエネルギーが沸き上がってくる状態です。新規事業は一度で認められることを狙うよりも、修正しながらチャレンジするほうが成功する確率が上がるので、リスクを恐れずに何度でもチャレンジできる環境を整えることが必要です。

以上4つのことを踏まえると、単に制度として新規事業に取り組むだけでなく、企業全体の環境を整えなければ、結局、既存事業が優先されてしまうことになり、新規事業は生まれにくくなると言えます。

イノベーションを起こし、新規事業を立ち上げるために環境を整えようとすれば、それなりの痛みもともなうので、企業としては、どこまで組織変革に取り組みたいのか、覚悟が問われることになります。

新規事業担当者の
思考を妨げる障害（現場の問題点）

「わかっちゃいるけど、やめられない」。皆さんも頭ではわかっていても、なかなか行動変革ができず、1つや2つの悩みをお持ちだと思います。Chapter3-3で書かれていることは、他の新規事業の本でも書かれているような内容ですが、なかなか思考の罠から抜けられず、変えられないことばかりです。Chapter3-3では新規事業担当者に必要な心構えについて述べることにします。

管理しようとせずに、今起きていることを受け入れる

　新規事業を立ち上げようとしている時に、次のイラストのような会話があったら、読者の皆さんはどのように判断するでしょうか？

　まっとうに考えれば、おそらくほとんどの人がこの会話に違和感を覚え、このような受け答えをしたら上司からの評価は下がり、担当を外されてしまうのではないか、と思うことでしょう。

　ところが新規事業の場合は、この適当さが大事なのです。

　生産技術における品質管理などの継続的改善手法として「Plan（計画）→Do（実行）→Check（評価）→Act（改善）」というビジネスのフレームワークがあります。こ

> **上司**：君、どのような計画でこのプロジェクトを進めるつもりかね？

> **担当者**：特に決めていません。状況に応じてその場で考えます。

れを「PDCAサイクル」と言い、PDCAの4段階を繰り返すことによって、業務が継続的に改善するといいます。

　ビジネスの世界では、「PDCAサイクル」がマネジメントの基本となってい

るものの、新規事業においてはこの手法では上手く機能しません。

　製造業の現場では、工程の途中で不具合が起きても、生産管理を徹底することによって品質、数量などを把握することができます。

　一方、世の中には自然災害や経済の動向など、管理できないことが多数あります。気象庁は完璧な気象予測を出せないでしょうし、日銀といえども経済動向を完全に把握することはできないでしょう。両者とも管理できるのであれば、気象も経済も予測できることになり、「想定外の事態」は起こらないはずです。

　つまり、この世の中には製造業の現場で生産管理ができるような「確実な世界」と、全く予測ができない「不確実な世界」があるわけで、事業もまた、既存事業は「確実な世界」、新規事業は「不確実な世界」と言い表すことができます。

　ここでこのように述べるのは、ビジネスの世界では「確実な世界」での成功に倣って、「不確実な世界」であるはずの新規事業にも同じような成功を求めてしまうからです。正解がある「確実な世界」においてイノベーションを起こそうとしても、それは現状の改善でしかありません。何が起きるか予測がつかない「不確実な世界」だからこそ、イノベーションが起きる可能性があるのです。

　かつて私は、キヤノンの工場で部品調達を任されていたことがありました。全部品が予定どおりに納品されていればいいのですが、必ず遅れる部品が出てきます。調達する部品点数は数万点にも及ぶため、発注先が納品を忘れてしまうことがごく普通に起こっていたのです。

　そのまま放置しておくと生産ラインが止まってしまうので、遅れそうな部品をあらかじめ予測していました。部品調達がスムーズにできるように管理することは、現場では当然のことです。工場ではこの生産管理の徹底化が図られていました。

　しかし、こうしたマインドが身に付くと、新規事業でも同じようにすべてを次のように管理しようとします。

・開発計画どおりに開発しようとする
・予算計画どおりに予算を使おうとする
・人員計画どおりに人員を集めようとする
・販売計画どおりに販売しようとする

　新規事業の場合も、計画の前提条件が変わったら、それに合わせて計画を変更すればいいわけですが、前述した「PDCAサイクル」が身に付き過ぎていると、そのまま計画を変更せずに実施しようとします。

　しかし、管理が有効なのは未来を予測できる時だけで、新規事業の場合は当初の予測に反して、次のようなことが起きてしまいます。

・思ったよりも顧客のニーズがなかった
・思ったよりも作るのが大変だった
・思ったよりも早くライバルが登場してしまった
・思ったよりもコストがかかり過ぎることが判明した

　以上のように、思ったとおりの結果にはなりません。

　とはいえ、管理することが難しいからといって、成り行きに任せてしまうと無秩序になってしまいます。では、どのようにすればいいのかというと、「今、起きていること」に集中し、起きたことを受け入れて次の施策を講じることです。

　好ましくない状況が起きた時に、あわてて管理しようとすれば無理が生じます。計画どおりに物事が進まない場合は、状況に応じて自分の考えを変える勇気が求められ、「朝令暮改（朝出された命令が夕方には改められる意）」を厭わないくらいの余裕をもって臨むべきです。

　要するに、新規事業の場合は答えを最初から決め付けるのではなく、答えがないという状況を受け入れて現場に対応すべきで、物事を思ったとおりに

管理できるという幻想は捨てる必要があります。

完璧に行うことよりも失敗を受け入れる

　既存事業の場合は、既に利益を上げている収益モデルを守ることが最重要課題となっているため、それまで踏襲されてきたことを、そのとおりに実行することが求められます。

　例えば、私がキヤノンの生産管理部門にいたとき、「こちらの部品のほうが良さそうだから」と自分の判断で部品を勝手に調達していたら、上司から「会社が認めていない部品を勝手に調達するな」と大目玉をくらうことになります。

　つまり、この事例から言えることは、既存事業では指示されたことをきっちり守り、完璧にミスをしない人のほうが評価されるということです。

　ところが新規事業の場合は、守るべき収益モデルが全くない状態からのスタートとなるため、とにかく失敗を怖れずにチャレンジし続けるほうが評価されます。

　リクルートでは、新規事業のうち10に1つが成功すればいいとしています。つまり、10回のチャレンジのうち9回失敗してもOKだということです。新規事業の世界において失敗は歓迎されます。アマゾンを創業したジェフ・ベゾスは「Amazonは世界一失敗をする企業である」と宣言し、失敗の文化を誇っているくらいです。

　社内での新規事業は、既存事業と並行して行われるケースがほとんどで、失敗することが許容されていても、既存事業の評価基準で評価されるため、同じ社内とはいえ、矛盾した状況の中で取り組まざるを得なくなります。

　こうした傾向は中小企業よりも大企業であればあるほど強くなるのですが、どんな大企業であっても、創業時には試行錯誤の繰り返しがあり、いくつもの失敗を経て徐々に成長してきたはずです。ところが、歴史のある大企業ほど創業当時から長い年月が経っているので、社内のチャレンジスピリッツが失われています。

　何か新しいことにチャレンジしようとしても、上司から「他社での前例

は？」「絶対に上手くいくのか？」という質問を必ずと言っていいほど浴びます。

　上司は上司としての立場があり、自分が承認したプロジェクトが失敗すると、その責任を問われることになるので、できる限り成功する案を求めます。頭では失敗を恐れずにチャレンジすることが大事だとわかっていても、最初のチャレンジで成功することを願ってしまうわけです。

　これは余談ですが、ある大手旅行会社で新規事業の案件を募集し、審査を通った複数の企画提案者を前にして「絶対に失敗するな」と役員が檄を飛ばしたところ、企画提案者の全員が辞退してしまったという話があります。

　そもそも失敗せずに成功しようとするのは、プロ野球の選手が10割バッターを目指すようなもので無茶な考えです。

　失敗しても問題ないと思うことができれば、新しいことにチャレンジできるわけで、新規事業では多少の失敗も許容することが、事業推進の動力源となります。

　また、リスクが大きくなる前に撤退するには、失敗を許容する環境が必要です。失敗が許されない状況になればなるほど撤退の道は閉ざされ、さらに引き下がれない状況へ陥ってしまいます。どう頑張っても上手く事業が進まない時に、余計に資金を投入してしまうと後戻りができなくなって、会社経営そのものを危うくすることになりかねません。

　思いついた事業をどうしても進めたいというのであれば、一度撤退して、立て直してから再チャレンジすればいいのです。その際、再チャレンジできる余力を残すためにも、失敗を受け入れる環境をあらかじめ整えておくことが必要です。

　失敗を許容できない環境の原因として完璧主義があります。

　物事がすべて上手くいかないと気が済まないという人がまれにいますが、例えば、テストの結果があと少しで満点だったとしても、失敗だと評価してしまい、少しでもミスがあることを許容しないのが完璧主義です。

　特に日本企業の場合は完璧主義の傾向が顕著で、「求められている品質以上の製品を目指すことによって、自社のブランドを作ってきた」と自負しています。また、完璧主義であったからこそ、かつてメイドインジャパンが世界

中を席捲したといっても過言ではないでしょう。

　とはいえ、完璧主義が行き過ぎると、上手く行ったことよりも上手く行かなかったことばかりに囚われて、失敗を受け入れることができなくなります。

　失敗を受け入れるために必要なことは、安全安心の場を作ることです。失敗しても叱責されないという安全、失敗しても将来のキャリアに影響しないという安心、この2つが揃って初めて新規事業に向き合えるようになります。

　私はカナダで設立されたエンターテインメント集団、シルク・ドゥ・ソレイユの公演が好きで何度も観に行きました。公演では軽業やジャグリング、空中ブランコなど、かなりアクロバティックな演技が披露されます。そこでいつも感心するのが、演技に失敗した時のフォローの上手さです。

　1回の公演ですべての演技がパーフェクトに決まるということはまれで、誰かがどこかで失敗してしまいます。しかし、失敗したとしてもケガがないように安全性が確保されていて、再チャレンジの体制にすぐ舞台が切り替わります。再チャレンジをしても上手くいかない時もありますが、観客はその姿に拍手を惜しみません。

　こうした環境が整っているからこそ、演者は究極の曲芸に挑み続けられるわけで、失敗したらクビになってしまうような環境では、緊張のあまりベストなパフォーマンスが披露できなくなるでしょう。

　企業もチャレンジしたことが評価されるような環境を整えたいところですが、問題は元々、社内環境が旧態依然のままで、人事制度が硬直化していることです。そうした際、ヒントになるのがソニーの開発秘話です。

　私があるソニーの開発担当者とお会いしたとき、その方は既に新製品のプロトタイプを作成していました。しかし、プロトタイプの製作費は事業部に全く通しておらず、予算を様々な形に付け替えて開発していたそうです。しかもまっとうに予算を計上すると責任を取らされるため、予算の詳細については、部内でも秘匿にしていたとのことでした。

　こうしたことが、かつてソニーでは当たり前に行われていて、開発担当者は思いついたテーマを、上司に通すことなく開発・研究し続け、ソニーならではの新製品が生まれたと言います。

　Chapter2-4で紹介したオムロンの竹林一さんは、社内で新規事業を成功さ

せるコツについて、「準備段階ではサブマリンのように潜んでおき、タイミングを見計らって浮上させ、周りからの評価を得てから事業化する」と言っています。

　読者の皆さんの立場も人それぞれで、取れる方法は異なると思いますが、失敗が許容される環境を整えるためには大変な努力をともないます。それだけに、自分自身のための安全安心の場を自分自身でどのようにして設けるかが、大切なポイントになります。

顧客が抱える問題と課題の違い

　スタートアップ（新規事業の立ち上げ）に際して、よく「顧客の問題を解決する製品を考えなさい」という言葉が聞かれ、新規事業の担当者はこの言葉に惹かれるように、顧客が抱えている問題を解決しようとします。

　しかし、実はここに大きな落とし穴があります。なぜなら、新規事業においては「顧客が抱えている問題」ではなく、「顧客が抱えている課題」を解決することが重要になるからです。

　これをモグラ叩きのゲームに例えると、「問題を解決する」とは出てきたモグラを叩くことであり、「課題を解決する」とはそもそもモグラが出てこないようにすることです。

　問題を解決すれば、顧客は一時的な満足を得られますが、また次の問題が発生して、モグラを叩き続けなければならなくなり、本当の満足が得られないことに気づきます。

　一方、課題を解決すれば、根本的な問題が解消するので、顧客が本当に必要とする製品作り・サービスの提供につながります。例えばスマートフォンの場合、外出先でいつでも情報にアクセスするには重いノートパソコンとインターネット接続できる携帯電話を持ち歩かなくてはいけない、という荷物に関する課題を解決しました。

　ビジネスマンでない限り、ノートパソコンを持ち歩くような方はほとんどいなかったと思いますが、いつどこにいても情報にアクセスしたいというニーズに対して、障害となっていた課題を解決した結果、ビジネスマンに限

らず、今では誰にとってもなくてはならない製品になっています。

　問題と課題というと、一見して同じように感じてしまうでしょうが、意味合いの違いをよく理解していないと顧客のニーズを把握できないまま製品・サービスの企画を立案してしまうことになります。

　問題とは、顧客が解決して欲しいと思っている事柄で、製品・サービスを提供する側に訴えることができます。課題とは、顧客自身が気づいていない事柄で、解決されるとすべての問題が一気に解消します。

　課題について顧客が訴えてくることはありません。しかし、「何か困っていることはありませんか？」とヒアリングをすると、解決して欲しい問題についてはすぐに答えが返ってきます。

　例えばダイエットでいうと、「なかなか痩せられなくて困っている」というような要望が寄せられるわけです。そこで「飲むだけで簡単に痩せられる」という製品を出したとしても、今度は「美味しくない」とか「毎日飲むのが大変」といった別の問題が発生します。ということは、何かもっと根本的な課題があるわけで、それを見つけないと顧客が本当に望んでいる製品・サービスの提供はできないことになります。

　つまり、顧客が困っていると思っていた製品・サービスを用意したとしても、いざそれを提供しようとすると、顧客にそっぽを向かれることもあり得るということです。

　スティーブ・ジョブズは、顧客に何が欲しいのか聞いて、そのまま鵜呑みにすると痛い目に合うという意味で、「消費者に何が欲しいかを聞いてそれを与えるだけではいけない。完成する頃には、彼らは新しいものを欲しがるだろう」という名言を残しています。顧客に欲しいものを質問しても意味がないことは、Chapter1の顧客体験の箇所でも触れています。

　彼が世の中に送り出したイノベーションの1つにiPodがあります。今やiPhoneのほうがアップル製品としては有名になっていますが、iPodの成功がなければiPhoneの成功はあり得なかったと言えます。

　iPodは音楽業界にCDからデジタルへという大きなイノベーションをもたらしました。その発売前にもソニーなどを初めとして、多くのデジタルオーディオプレイヤーが発売されていましたが、いずれもポータブルなCDプレ

イヤーに換わることを狙っていたものの、「データのコピーに時間がかかる」「容量が少なくてCD1枚分しか持ち歩けない」「出かけるたびにデータを入れ替えるのが面倒」といった問題が山積していて、一般に普及するまでに至っていませんでした。

　そうした中、iPodは「楽曲の管理の大変さ」という課題を解決し、スティーブ・ジョブズがiPodの発売時に「1,000曲をポケットに」と述べたように、音楽をいつでも自由に聴くことができるという価値を提供しました。

　iPodはモバイル機器の容量の問題を解決しただけではなく、iTunesという楽曲管理のソフトウェアと組み合わせることによって、楽曲を管理する手間を省くという課題を解決したわけです。

　私はその当時、アップル以外のメディアプレイヤーを使っていて、CDから楽曲を取り込み、ファイルを探し、フォルダ分けするなどの手間は仕方ないと思っていたので、どんな製品が欲しいかと聞かれたら、より長時間再生できるメディアプレイヤーと答えていたでしょう。つまりiTunesと組み合わせることなど想像できなかったのです。

　要するに「消費者に聞くな」ということではなくて、消費者が言っている裏側にはどんな課題があるのか、それを見抜くのが製品・サービスを提供する側の最も重要な役割だということです。

問題は風船、課題は風船を握っている手

風船を1つひとつ割って問題解決するのではなく、
握っている手を離すことができれば、すべての問題を一気に手放すことができる。

顧客の深層心理を読む

　先述したように、新規事業の場合は「顧客の問題を解決しなさい」と当たり前のように言われるケースが多いので、ついつい顧客の問題を探そうとします。その結果、顧客から不満の声が上がれば、それを問題視して顧客のニーズを把握しようとしがちです。

　しかし、顧客の不満をそのまま製品・サービスに活かそうとすると失敗してしまうのは当然の成り行きで、一番やっかいなのは、顧客が問題だとしていることがただの愚痴に過ぎず、本当は困っていないケースです。

　顧客の問題は本当の課題ではなく、顧客ニーズを把握したはずなのに、それが的外れであればヒットする製品・サービスなど生まれるはずありません。

　新規事業を立ち上げる際には、何よりも課題を発見することが重要で、「顧客の不満の裏にはどのようなことが隠れているのか」「顧客はなぜそのようなことを要求するのか」、その深層心理を読み解く必要があります。

　企業のコンサルタントなどは、日々顧客の期待を上回る成果を求められるので、普段の業務の中で課題を見出す能力が鍛えられています。新規事業に関わる人も普段から同様の能力を身に付けるようにしておかないと、いつまでたっても顧客のニーズの表面をなぞっただけの製品・サービスしか提供できずに終わってしまいます。

　カウンセリングなどの心理療法を行う際は、その手法によってやり方は様々ですが、クライアントが提示した問題そのものを取り扱うことはなく、問題の裏側に何があるのかを探るようにします。なぜなら、クライアントが訴える問題だけに囚われると、何が本当のネックになっているのか見出せなくなり、問題の本質が明らかにされないからです。

　私は心理療法として知られるゲシュタルト療法のセラピストでもありますが、「問題」と「問題の本質」の違いを理解していないと、クライアントの言葉に惑わされて、課題が解決されないことを実感しています。

　例えば、「元気が出なくて困っている」と訴えるクライアントに、「元気が出ないのが問題なんですね」とは言いません。元気が出ないことが「表面上に

出てきた問題」であり、なぜそうなっているのかを探っていく、つまり心の底にある「未解決になっている事柄」を明らかにするのがカウンセラーの役割だからです。

　したがって、カウンセリングを行う際は「問題」の解決にエネルギーを注ぐのではなく、「問題」を引き起こしている原因に焦点を当てるようにしてクライアントに接していきます。

問題の解決ばかり求められる受託（下請け）企業

　受託（下請け）企業とはいえ技術力があるのに、なぜ新規事業を立ち上げることができないのかというと、目先の問題解決だけに囚われてしまい、課題を見出すことを怠ってしまうからです。

　受託（下請け）企業の場合、顧客のニーズを満たすことが最優先され、顧客の要望に無理があったとしても、それに応じざるを得ないところがあります。しかし、そうした対応に慣れてしまうと、課題を見出そうとする力がどんどん失われていきます。

　受託した業務を完納するには、顧客が要望する品質・数量・納期等々を守ることに追われ、自分たちが提供する製品・サービスがエンドユーザーにどのような効果をもたらすのか、つまり「顧客体験」を想像する余裕がなくなってしまいます。

　かつて私自身、コンテンツ制作の下請け業務を自社で行っていました。

　ある会社から自社ゲームのプロモーションサイトを作って欲しいという依頼があり、要望は「アップルのようなクールなデザインを」とのことでした。ところが、それはどのようなゲームなのか尋ねてみると、とてもクールなイメージのゲームではなく、キャラクターが暴れ回るかなり激しいゲームだということがわかりました。

　そこで私は、デザインのテイストを変えたほうがいいのではないかと提案したのですが、結局、当初の計画どおりのものを、ということになりました。

　受託（下請け）業務の場合、クライアントの要望はコンサルティングでは

なく、指示されたとおりのものを作ることで、それ以外の提案をすると、余計なことはするなと否定されてしまうケースが多いものです。

　すると、本質的な問題を解決することよりも、クライアントにどう対処していくかということに終始してしまうわけです。

　ちなみに、私が下請けした案件はどうなったかというと、公開後の評判は予想どおり悪く、結果的に派手派手しいデザインに作り直して欲しいという依頼を受けることになりました。

　受託（下請け）業務を経験している方であれば、これと同じようなケースはよくある話だと思います。しかし、クライアントから指示されたとおりのものを納めれば、それなりの収益が得られるとはいえ、そのパターンに慣れてしまうと、クライアントが抱えている本当の課題に気づけなくなってしまいます。

　こうした事態を避けるためには、新規事業を立ち上げる時にクライアントとのヒアリングを重ねることはもちろん、クライアントが本当に求めているものを見出すために、顧客が抱いている課題に対して意識を向けることが肝要です。

計画立案ではなく
仮説を立てることが大事

アイデアを思いついたら、すぐにでもアイデアを実現したくなるのが人の性です。新しいお菓子にチャレンジするのと違い、新規事業に資金と時間を投入することはリスクがともないます。できる限りリスクを抑えるためには、仮説と検証の輪を回すことが新規事業では求められます。Chapter3-4では新規事業においてベースとなる仮説と検証の輪について述べます。

新規事業を一か八かの賭け事にしない

新規事業を立ち上げたことによって経営が傾いた例があるために、新規事業はリスクが高いと勘違いしている方がいます。

しかし、新規事業が大きなリスクになるのは、成功するかどうかわからないにもかかわらず、一気に時間・資金・人材などの経営資源（リソース）を投入してしまうからです。

新規事業の立ち上げに先立って、成功の是非についてしっかり検証しておけば、一か八かの賭け事にはなりません。確実に新規事業を立ち上げるためには、勢いや流れに任せるのではなく、冷静かつ綿密な「仮説と検証」が必要になります。

新規事業の立ち上げは、未開拓地の地図を少しずつ作成していくようなもので、一気に広範囲に調査することは不可能でしょうし、事前調査をせずに、無理に調査しようとすれば生還できないこともあり得ます。

人類史上初めて南極点を目指した話として、イギリスのスコット隊とノルウェーのアムンゼン隊の争いがあります。

前者のスコット隊はガソリン駆動の雪上車と馬そりによって、後者のアムンゼン隊は犬ぞりによって南極点を目指そうとしました。

スコット隊のほうが早く南極圏に入り、雪上車で一気に南極点へ向かおうとしたものの、雪上車はわずか1週間足らずで故障して動かなくなり、連れていった馬も倒れ、最後は徒歩で南極点を目指さざるを得なくなりました。

一方のアムンゼン隊は、スコット隊よりも遅く、犬ぞりによってスタートしたにもかかわらず、南極点到達に成功しています。

スコット隊は南極点に到達するも、そのまま帰路で帰らぬ人となってしまいました。冒険なのだから、最悪命を落としてしまうのは仕方のないことだ、と思われる方がいるかもしれませんが、スコット隊にとって南極の気象条件は想像を超えていたわけです。

スコット隊とほぼ同時期に出発したアムンゼン隊が成功したのは、元々彼らは南極点ではなく北極点を目指そうとしていて、極地での犬ぞりの優位性について事前検証ができていたからです。

もし、スコット隊が万一の事態に備えて、事前に極地で雪上車のテストを行っていれば、すぐに動かなくなるような雪上車を南極に持ち込まなかったでしょう。

「仮説と検証」を怠って新規事業を立ち上げても、そんなに危険なことにはならないはずだと信じ込むのは、普段着で雪山に登りに行くようなものです。

新規事業を立ち上げる際は後悔することがないように、できるだけ多くの検証を事前に繰り返し、自信を持って臨む必要があります。

ビジネスの現場では、「仮説と検証」の作業を面倒くさがって、省略したがる人たちがいます。しかし、いくら早く新規事業がスタートできたとしても、スコット隊のようになってしまっては何の意味もありません。

「仮説と検証」を繰り返したために出遅れて、競合他社に出し抜かれたとしても、再チャレンジできる余力を残しておけば、次のチャレンジでの成功が期待できます。

現在では当たり前となった動画配信サービスに先駆けて、USENは動画配信サイトのGyaOを立ち上げました。しかし、100億円近い赤字を出して経営が傾きかけたため、ヤフーに5億円で売却することになり、最終的にはヤフーと共同経営の形でGYAO!として運営し始めました。

このように新規事業は成功する確率が非常に低いだけに、チャレンジの方法を一歩間違えれば経営困難に陥ってしまいます。確実に新規事業を立ち上げるためには、事前に「仮説と検証」を何度も繰り返して、少しずつでも着実にゴールへ向かう作業が求められます。

ゴールが頻繁に変わる新規事業

　新規事業の方向性が定まらない要因は、目指すべきゴールがどんどん変わってしまうことです。

　私のある友人が、かつてデジタルガジェット（スマートフォンやタブレット型端末などの目新しくて興味をそそる携帯型の電子機器）を販売するECサイトを立ち上げたことがありました。

　しかし、販売が思わしくなかったので、ガジェットを紹介するアフィリエイトビジネスを手掛けるようになったものの、これもまた売上がイマイチ伸びなかったため、デジタル商品を紹介するメディアに転換し、最後は事業自体を売却しています。

　今やクラウドから動画サービスまであらゆる商品を扱っているアマゾンも、最初は本の通販からのスタートでした。同社は最初から現在のようなビジネスをすべて予測していたわけではなく、好調なものから順に事業を展開していきました。

　スタートアップ（新規事業の立ち上げ）ではピボットと言って、事業転換をこまめに行い、当初描いていたものと違う事業体になることはごく当たり前に起きます。そうした際は、当初立てたアイデアを捨てられるかどうかが、重要なポイントになります。

　新規事業の場合は、当初計画していたゴールがすぐに変わってしまうため、先述した「Plan（計画）→Do（実行）→Check（評価）→Act（改善）」というビジネスのフレームワーク（PDCAサイクル）があまり機能しません。新規事業は展開が早いため、計画を立てる時間がそもそも無駄になることが多いからです。

　また、計画を立ててしまうと計画を意識するあまり、当初の目標を達成しようとして無理に実行してしまい、撤退が不可能な状態にまで追い込まれることがあり得ます。つまり、上手くいかないと気づいても、資金・時間・人材を投資してしまったので、後戻りできないことが起こり得るということです。

　東芝の海外における原発事業への投資など、大企業でもその屋台骨を揺

るがすような新規事業の失敗が発生しています。経営が傾くようになってから、初めて当初のアイデアがNGだったと気づくようでは遅いのです。

　当初のアイデアが変わる可能性が高いのであれば、計画にエネルギーを注がずに、思いついたアイデアが正しいのかどうかをすぐに検証すべきです。

　仮説を立てたらすぐに検証し、さらに検証を繰り返して、仮説が証明されたところで初めて計画を立てて実行するようにします。

選択しがちな新規事業立ち上げの流れ

実行したあとで検証をしているとリスクが高くなる。

仮説から実行までの流れ

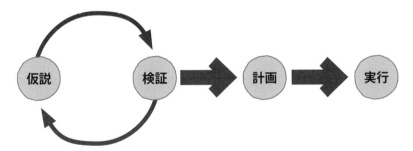

仮説と検証の繰り返しの中から、確信が持てた段階で計画、実行へ。

「仮説と検証」を繰り返さないために陥ってしまう2つのパターン

　新規事業を立ち上げようとする際、「仮説と検証」の輪を回さずに2つのパターンに陥りがちです。1つは検証する前に判断して仮説を潰してしまうこ

と、そしてもう1つは検証せずに製品・サービス作りに没頭してしまうことです。

まず1つ目のパターンについて、結論を先に述べるならば、「仮説と検証」をせずに判断を下してはならないということです。

商品開発などの現場では、企画会議の席で、提出されたアイデアをめぐって、意見の応酬が繰り返されることがよくあります。

多くの場合、提出されたアイデアが実現することを想定して、「売れるor売れない」「易しいor難しい」といった議論を戦わせているようですが、こうした議論は全くの無駄です。

なぜなら新規事業はまだ、未経験の領域ですから、誰も決定的な意見を持っておらず、実現するかどうかがわからないのも自明の理で、どんなに議論を戦わせても、所詮それは会話の中での話に過ぎないないからです。

思考が強い人ほど、新たなチャレンジに対して、上手くいくのか、大丈夫なのかと不安を募らせ、心配のあまり批判ばかり述べる傾向にありますが、企画会議でのそうした意見は、単に頭の中でシミュレーションしたことに過ぎません。つまり、企画会議の場が「仮説と検証」を行う場となっていないわけです。

こうしたことは企画会議に限らず、自分自身にも起きます。仮説を思いついたとしても「これはいいアイデアではない」「これは上手くいかない」というように、自らアイデアを否定してしまうことがあります。

しかし、何事も検証して初めて、仮説の有効性が見込めるわけで、それ以前に判断を下してしまっては早過ぎるわけです。

次いで、検証せずに計画や製品・サービスを提供することに没頭し始めてしまうという、もう1つのパターンについてですが、これについても結論を先に述べるならば、1つ目のパターンと同様に「仮説と検証」をせずに物事を進めてはならないということです。

例えば、新しいインターネット家電の製品を思いついたとして、その計画を立てる場合、「いつ、誰が、どこで、どのように、いくらの予算で、いつまでに実施するのか」というアクションプランを作ることになりますが、そもそも、思いついた製品・サービスに対して顧客のニーズがあるのかどうかわ

からないのに、計画を進めても意味がありません。

　実際に製品・サービスを商品化して世に出していれば、売れ行き具合のデータを取得できるので、仮説を検証することができます。ただ、ここまでに製品作りのための投資をしているので、これでは検証が遅過ぎるということになります。

　これまで私がいろいろな方にアドバイスしている中で、「仮説と検証」の大切さを丁寧に伝えても、仮説を立てることも検証することも嫌がる方が結構おられました。

　要は、思いついたアイデアをそのまま実現したいという気持ちが強く、早く事業を立ち上げたいと焦ってしまうので、「仮説と検証」を省略して計画を進めてしまうのでしょう。それでは、なぜこのようなことが起きてしまうかというと、誰しも考えたり、想像することが好きだからという他ありません。

　リアルな現実の世界では、どうしても痛みがともないます。しかし、想像の世界にいれば自由に考えをめぐらせることができるので、リスクを負うことも痛い目に合うこともありません。

　つまり、現実の世界でビジネスを展開しなくてはならないのに、現実逃避をして、思いついた事業のアイデアを実現しようとする人もいるわけです。特に技術に固執する人の中には、そうした傾向が強い方がおられますが、技術者の優位性は、元々顧客には関係のないことです。

　思いついたアイデアをそのまま事業化するのではなく、そのアイデアが理にかなっているか否か、「仮説と検証」を繰り返すことができれば、確実にアイデアを具現化することができるでしょう。

「仮説と検証」のサイクルを早くするために

「仮説と検証」が大事だからといって、それに時間をかけているようでは意味がありません。そのサイクルを如何に早く回すかということが新規事業では求められ、例えば、楽天は企業理念の中で「スピード!! スピード!! スピード!!」と提唱しています。

「仮説と検証」のサイクル早く回すためのポイントは次の4つです。

- ❶ 考え込まない
- ❷ 何を検証するのか明確にしておく
- ❸ 自分の考えに固執しない（現実を受け入れる）
- ❹ 予算と期間、検証回数を先に決めておく

❶ 考え込まない

Plan 計画

　いくら考えたり、想像をめぐらしてみても、現実的な答えは出てきません。また、考えや想像に囚われ過ぎてしまうと、逆に悩みになり、しまいには思考停止に陥ってしまうこともあり得ます。

　先述したとおり、考えたり、想像することには痛みがともなわないので、どうしても人はそうした状態を好みます。しかし、考えてみても想像してみても、それでいい結果が保証されることはないので、所詮それは妄想と断じて、できるところから始めるべきでしょう。

❷ 何を検証するのか明確にしておく

　せっかく検証して結果が得られたとしても、それが仮説と合っているかどうか、明確にならないと検証した意味がありません。さらに検証作業を繰り返すかどうか悩むことにもなり、その分、時間がかかってしまうことになります。アイデアに対するヒアリングを顧客に行って、顧客は何となくアイデアに賛同してくれるものの、実際に購入してくれるかどうか確信が得られないケースがあります。なぜこうしたことが起きるかというと、ヒアリングする際に何を基準に検証したいのかが、はっきりしていないからです。

例えば、新しいエナジー飲料を開発したい時に、プロトタイプの製品を試飲した人たちに、何の基準も示さずに「どうですか？」と抽象的な尋ね方をすると、人それぞれ答えが違っていて、検証するための詳しいデータを集めることができません。

　味に対する検証なのか、飲み心地に対する検証なのか、あるいはパッケージや価格についての検証なのか、何が良くて何が悪かったのか等々、何を検証したいのか事前にはっきり基準を示しておくことが大切です。

❸ 自分の考えに固執しない（現実を受け入れる）

　検証の結果が既に出ているにもかかわらず、「そんなはずはありません。検証の仕方がまずかったかもしれないので、もう一度検証させてください」といった話が出てくることがあります。

　これは、検証した結果を受け入れられず、いつまでも自分の考えに固執してしまうために出てくる典型的な例です。プライドが高い人ほどこうした傾向が強く、「自分の考えは間違いない」と思い込んでいるので、自分の考えに合わない結果をどうしても受け入れられないわけです。

　想定外の結果がショックだったとしても、現実に起きたことは受け入れるしかなく、自分のプライドを捨てて現実と向き合える姿勢が新規事業では求められます。いくら自分が正しいと思っていても、顧客にとって価値がなければ何の意味もないからです。

　また、自分が思っていた結果を得るために検証を繰り返すことも意味がありません。思っていたような結果が得られなくても、それを受け入れて、すぐに次の「仮説と検証」に移行することがスピードアップのポイントです。

❹ 予算と期間、検証回数を先に決めておく

　検証する際、顧客全員に対してヒア
リングを実施できれば、当然、完璧に
検証をすることができます。もちろん
これを実施するには、想像以上の労力
がかかるので現実的ではありません。

　また、繰り返しになりますが、思ったとおりの結果が得られないと何
度も検証しがちになり、結果を受け入れずに検証結果を先延ばしにすれ
ばするほど時間がかかることになるので、検証期間には、ある程度区切
りを付けておく必要があります。

　いったん区切りを決めて、その範囲で得られた結果で判断するように
すればいいわけで、検証前に予算と期間、そして検証回数をあらかじめ
決めておくようにします。

仮説を形にする
事業企画書の書き方

既存事業では当たり前の事業計画書。新規事業では立ち上げ前に確定した情報が少ないため、事業計画書があまり意味をなしません。その代わりに作成するのが事業企画書です。思いついたビジネスアイデアについて簡潔に、シンプルに他人がわかるように作成する必要があります。Chapter3-5では事業企画書の意味と、作成にあたってのポイントについて述べます。

新規事業では役に立たない事業計画書

　経営において事業計画書の作成は当たり前とされています。私も起業したての頃、どのようなビジネスセミナーに参加しても、事業計画書をまず作りなさいと言われました。

　銀行から新規に融資を受けようとする時も最初に求められのが、事業計画書です。しかし、これほどビジネスの世界で重要視される事業計画書ですが、先行きが見えない新規事業の場合は、役に立つことは全くありません。

　事業計画を立てるには、「設備、材料に関する見積もり」「事業に必要な労働量」「類似商品の販売状況」など、多くのデータが必要になり、既存事業であればこうしたデータが豊富に揃うので、それに基づいて事業計画を作成することができます。

　一方、新規事業の場合は、そもそもデータがないため、憶測で数字を計上し、推測できることを述べていくしかありません。その結果、現実離れしたというか、あたかも成功が約束されたような事業計画書が出来上がってしまいます。

　新規事業についての事業計画書は、どうしても机上の空論になりがちで、その理由は、未来のデータをどのようにでも創作できてしまうからです。したがって、「希望や理想」を事業計画書に反映することも可能なので、実際は全く違った結果になったとしても、紙面上は事業が成功するように説明されてしまいます。

既存事業の場合は、もちろん事業計画書を作成する意味があります。既存事業を展開している私のクライアントさんのほとんどが、事業計画書どおりにほぼ推移し、計画した数値よりやや上振れのレベルで、ゆるやかな成長を遂げています。

　新規事業の場合も最初の立ち上げ段階が終わり、顧客の獲得がスムーズになり始めると、以降の成長路線のために事業計画書を作成することがあります。その際は、それまでのデータが蓄積されているかどうかが、事業計画書を作成する上で重要になります。

仮説検証のために必要な事業企画書

　新規事業を立ち上げる初期において、事業計画書は不要だとはいえ、何らかの文書を用意しなければ、どのような事業を行うのか説明することができないので、事業計画書の代わりに事業企画書を作成します。

　事業企画書は事業のアイデア（仮説）を周囲に伝えたり、アイデアを検証する際に必要になりますが、事業計画書にも事業のアイデアが盛り込まれているため事業企画書との違いがわかりにくい面があります。

　事業計画書は「計画」と記されているとおり、Chapter3-3でも触れましたが、「いつ、誰が、どこで、どのように、いくらの予算で、いつまでに実施するのか」というアクションプランです。

　事業企画書は思いついたアイデア（仮説）をまとめたもので、関係する人たちとコミュニケーションを図るためのツールです。経営者や上司を説得したり、協力者を求めたり、誰かに何かをして欲しい時に必要になります。

　事業企画書と事業計画書の違いをわかりにくくしている要因は、事業計画書の冒頭のエグゼクティブサマリー（事業の概要説明）が、事業企画書に近いものだからです。つまり、事業計画書には事業企画書を含む文書が冒頭に入っていると解釈すればいいでしょう。

　事業企画書は、まだまだ知られているとは言えませんが、アレックス・オスターワールドは著書『ビジネスモデル・ジェネレーション ビジネスモデル設計書』（翔泳社、2012年）において「ビジネスモデルキャンバス」というオ

リジナルのフレームワークを提唱しています。スタートアップではよく活用されているフレームワークなので、ご存知の方も多いはずです。

　何となくアイデアを検証してしまうと、何が合っていて何が間違っていたのかわからなくなるので、検証すべき仮説をはっきりさせておくことが重要です。

　頭の中では整理できているつもりでも、いざ文章にしてみると、整理し切れていないことに気づくことがあります。事業企画書作成を通して、仮説を整理して検証へとつなぐようにします。

事業企画書を作成する際のポイント

　事業企画書を作成する際のポイントは「シンプルに」「時間をかけずに」「A4用紙1枚で」の3つです。

　事業計画書の場合、作成する枚数は最低でも約10枚、普通は30〜40枚程度です。作成枚数が多くなる理由は、必要とする資金、投入する人材、製造・サービスに関する技術検証まで様々な項目を挙げ、漏らさず説明しようとするからです。

　作成期間は、各項目についてそれぞれ資料を用意する必要があるので、早くても3カ月から半年近くかかるケースや、または1年がかりというケースもあります。

　しかし、そんなに時間をかけていては、その間にビジネスの環境も顧客の志向も変わってしまうので、新規事業を立ち上げた時のアイデアをできるだけ早く実現化していくことが大事です。長々と書類作成に時間をかけている余裕はありません。

　事業企画書の枚数は数枚程度、出来ればA4用紙に1枚がベストです。内容については、できるだけアイデアをシンプルかつ平易に説明するようにします。そうすることによって作成時間は短くなり、短時間で事業のアイデアを関係者に伝えることができますし、強いてはプレゼンテーションの時間も短くすることができます。

　投資家からは出資を募るためのピッチコンテスト（自社の事業計画や将来性を短時間で端的に述べ伝える催し）がよく開催されています。そのプレゼ

ン時間は数分から10分以内というケースがほとんどです。枚数の少ない事業企画書であれば、こうしたコンテストに参加してプレゼンすることも可能になります。

　私がセミナーの参加者に「事業企画書の枚数は、出来ればA4用紙1枚で」と言うと、「それは無理」と答える方が結構おられます。しかし、無理だと思うのは伝えたいことが沢山あって、どれも削りづらいからなのでしょうが、枚数が多いほど事業のアイデアが伝わりやすいとは限りません。

　それは話が長い人のほうが、話が上手だとは限らないのと同じで、要は、聞いているうちに話の主旨や内容がボケてしまうよりも、簡潔に述べたほうが相手に伝わりやすいということです。

　事業のアイデアは、思いついた仮説に基づいて発想しているはずですから、シンプルに伝えられるはずです。もし、シンプルにまとめられないということであれば、仮説自体が整理されていないわけで、あちこちに考えが飛んでしまい、いろいろと盛り込もうとしているからです。

　そうした場合は、再度仮説に至ったプロセスをたどるようにします。アイデアを思いついたきっけや、なぜそう思ったのかを振り返れば、必ずヒントがあるはずです。

　事業企画書を作成する際に、いつまでも1文字も書けずにウンウンと悩んでしまうのは、頭の中で作文しようとするからです。現実と異なった想像をめぐらしているうちに、何が現実で何が現実でないのかもわからなくなってしまいます。それはデータが足りないという証拠ですから、再度顧客にヒアリングするなり、データ収集に努めるようにします。

　想像は頭の中で自由にめぐらせることができます。一方、事業のアイデアは、現実の世界で起きていることに関連づける必要があります。架空の小説を書くのではなく、行うのは現実世界でのビジネスだということを忘れないでください。

事業企画書に入れるべき要素

　事業企画書は提出先によって入れる項目が異なりますが、最低限、次の項

目は入れるようにします。

- ・ターゲット（顧客定義）
- ・ターゲットが置かれている状況（現状）
- ・ターゲットが望んでいること（願望）
- ・ターゲットが解決できずに困っている問題（課題）
- ・ターゲットに提供する製品・サービス（解決方法）
- ・ターゲットにもたらされるメリット（価値）
- ・アイデアに至ったきっかけ（企画背景）

　他にも事業企画書には「ビジネスモデル」「チーム体制」「販売方法」「顧客獲得方法」などを入れることもあり、項目は提出先に応じて変化します。

　例えば、会社の役員に提出するような事業企画書の場合は、ビジネスモデルやマネタイズの方法について説明を加えておかないと、不評を買う可能性があります。

　一方、メンバー間でアイデアの方向性について確認するのであれば、ビジネスモデルやマネタイズに関する項目がなくても十分に伝わるはずで、また、顧客のニーズがはっきりしないうちから、顧客獲得方法に関する項目を入れてもあまり意味がなかったりします。

　さらに、事業企画書で一番大事になるのがターゲットです。ターゲットが違ってしまえば、提供する価値も解決方法もすべて変わってしまいます。検証する段階でターゲット外の顧客にヒアリングやプロトタイピングをしても意味がないので、より良い検証結果を得るためにも具体的にターゲットを絞り込んでおく必要があります。

　例えば、「子供がいる主婦」というだけではとても抽象的です。「年代」はもちろんのこと、「仕事をしているか、していないか」でも大分違ってきますし、「子供の人数」「年齢」「家族構成」「住んでいる地域」等々、細かく具体的に絞り込んでおく必要があります。

　あるいは、目に見える属性以外にポイントとなるのがターゲットの価値観

です。「キャリア志向」か「時短志向」か、といった価値観によって顧客のニーズは大分変わってきます。同じように検証したにもかかわらず、検証結果にブレが生じている場合は、価値観によってきっちり区分けできていないケースが考えられます。

　どのような価値観を持っている顧客に対して、どのようにビジネスを提供しようとしているのか、事業企画書の段階で明確にしておく必要があります。

事業企画書を作成する時は「アイデア」よりも「背景」を意識する

　事業企画書を作成する時には、どんなサービスで、どんな仕様なのかなど、アイデアの詳細について説明することにエネルギーを注ぎがちです。

　先述したとおり、事業企画書の作成段階はあくまでも仮説なので、事業のアイデアについて詳細に説明したとしても、後々変わってしまうこともあるのであまり意味がありません。大体の方向性がわかるようになっていれば十分です。事業企画書を作成する上で大事なのは、アイデアに至ったストーリーを明確にしておくことです。その後、思いついたアイデアを検証することになるので、「アイデア（何を）」よりも「背景（理由）」をしっかり把握しておかないと、検証すべき項目が変わった時に対応ができません。

　例えば「カフェラテを出すカフェを開きたい」というアイデアに対して、次のように理由が変わると、同じカフェを開くというアイデアであっても全くその意味が違ってきます。

A　Why?
なぜなら、今日本ではカフェが流行っているから。

B　Why?
なぜなら、イタリアで飲んだ本場のカフェラテを日本で紹介したいから。

Aの場合は、競合店やカフェ市場において新規出店の可能性があるかどうかを調べることになるでしょう。

　Bの場合は、本場イタリアのカフェラテが日本でも通用するのかを、実際に試飲してもらってチェックすることになるかもしれません。

　このように同じアイデアであっても、アイデアに至ったストーリーが異なれば、検証すべき仮説は全く違うものになります。

　事業企画書を作成する際は、アイデアと仮説に至ったストーリーをセットで書く必要があります。

新規事業の
立ち上げ方
技術編

　新規事業の立ち上げには数多くのフレームワークを必要とします。というよりも、様々な研究がされており、数多くのフレームワークが生まれていると表現してもいいかもしれません。本書で何度かご紹介しているデザイン思考も、そのフレームワークの1つです。本書の中でフレームワークをすべてご紹介できればいいのですが、ページ数に限りがあります。Chapter4ではリレーショナルスタートアップに必要なフレームワークについて、ご紹介することにします。

顧客ニーズを把握するための
データの集め方

顧客ニーズを把握するために必要なデータを集める方法には、①リサーチ、②アイデア出し、③顧客へのヒアリングの3つがあります。Chapter4-1では、データ収集時の注意点について解説します。

3つのデータ収集で顧客ニーズをつかむ

顧客ニーズを把握するために必要なデータを集める方法には、次の3つがあります。

> ❶ 蓄積されたデータへリサーチ
> ❷ 頭の中にあるアイデアを引き出す
> ❸ 顧客へのヒアリング

しかし、リサーチしたデータだけに頼り過ぎると計画上は上手くいくはずなのに、現実にはそぐわないということになりかねません。また、思いついたアイデアだけに頼ると、独善的になりがちですし、顧客へヒアリングした情報に依存し過ぎると、特定の顧客に売れるものの、ビジネスの規模が拡大しない可能性があります。

したがって❶❷❸の3つをバランス良く実践していく必要がありますが、❶のリサーチの詳細な手法については他書に譲り、Chapter4-1では、データ収集時の注意点について解説し、❷のアイデアと❸のヒアリングの方法についてはあとで詳述することにします。

3つの基本的なデータ収集法

リサーチ
蓄積された情報から
検索する

- ・インターネット
- ・メディア
- ・本
- ・データベース

ヒアリング
顧客に触れて
情報を引き出す

- ・フィールドワーク
- ・イベント開催
- ・インタビュー

アイデア出し
頭の中にある
アイデアを引き出す

- ・ブレインストーミング
- ・アウトライン
- ・マッピング技法

顧客ニーズを把握するための情報収集は、リサーチ、ヒアリング、
アイデア出しの3つの手法を使い分けながらデータを集める。

顧客のニーズをインターネットでリサーチする時の注意点

　インターネットは大変便利なので、何かを調べる時に活用している方は多いことでしょう。しかし、気を付けなければならないのは、インターネットで得られた情報の信頼性です。日頃から、検索した結果だけをみて、目的の情報を手に入れた気になってしまわないように心掛ける必要があります。

　検索によるリサーチの基本は、探したいデータがどこにありそうか見当を付け、該当するデータベースを見つけてから検索するのが基本です。安易にインターネット検索をすると、誰かが創作したデータや、加工されたデータを入手しがちです。それらの中にはヒット数を狙うために作られた恣意的なデータもあるため、元々のソース（出典）を見定め、それが信頼に足るものかどうかを確認する必要があります。

　さらにインターネット上の情報は、誰でもアクセスできるという点にも留

意しなければならないでしょう。

　得られた情報が同じであれば、そこから生まれたアイデアはオリジナルのものにはなり得ないので、他社でも似たようなアイデアが生まれる可能性が高くなります。

　一時期、日本でクーポンビジネスを始める企業が同時期に40社近く現れたことがありました。

　これは、多くの人がインターネット検索をしてアメリカでクーポンビジネスが流行していることに気づき、儲かりそうだということで参入した結果でした。

　インターネットだけではなく、世の中の様子を実際に観察するのも立派なリサーチです。人の流れや様子、オフィス街やお店の賑わい方、街を歩くだけでも役立つ情報を入手することはできます。

　マーケティングの手法として、インターネットを活用したアンケートによる定量調査などのリサーチが一般的には行われています。しかし、新規事業においては、特に顧客と直接まだ会ってもいない段階で、不特定多数の人を対象として一斉にアンケート調査する方法はあまりお勧めできません。

　確かにインターネットを使えば、あまり労力を費やさずに多くのデータを集めることができます。ところが精度の低いデータを取得してしまう可能性が非常に高くなると言えます。

　例えば、選択式のアンケートの場合、調査対象の人がアンケートに答えているうちに、面倒になってよく考えずに選択肢から適当に選んでしまったり、選択肢の中に自分の答えがない場合は、そのままチェックしなかったり、理由を突き詰めずに「その他」を選ばなかったりすることがあります。

　あるいは、記入式の場合であれば、回答者の文章能力次第で、伝えたかったことがよく伝わってこないということもあり得ます。また、適当にアンケートの回収者を喜ばせるような回答をするかもしれませんし、わざと見当はずれな回答をするかもしれません。こうしたことでは、正確な顧客情報は得られません。

　アンケート調査でどんなに多くの回答が寄せられたとしても、実際にその情報を元に事業化しても上手くいかない理由は、回答者の心理までアンケー

トでは把握しきれないからです。

　新規事業では、安易なインターネット検索やアンケート調査に頼らずに、できる限り足を使い、生の情報を集めることが、他社が真似できない製品・サービスの提供につながります。

役に立たない会議室での議論

　劇場版「踊る大捜査線 THE MOVIE 湾岸署史上最悪の3日間！」中で、主人公の青島刑事が警察官僚に対して「事件は会議室で起きているんじゃない！　現場で起きているんだ！」という台詞を吐いてブチ切れるシーンがあります。

　このシーンが印象的なのは、主人公の台詞が、なるべく現場へ行かずに、会議で物事を決めようとする日本企業や団体・組織の"会議好き"を象徴しているからです。

　私はキヤノンに勤務していた間に、工場では調達管理部門、本社では生産数量の企画推進部門の両方を経験していますが、本社に勤務した際に、工場の様子をよく把握せずに会議で生産数量を決めていることに驚いたことがあります。

　あの時は「だから工場は苦労しているのか」と落胆したものです。

　新規事業の立ち上げに際しても、往々にして会議室でひたすら新規事業のアイデアを出そうとする傾向が見られます。しかし、その場にいない顧客を想定して会議に多くの時間を費やし、顧客のニーズを探ろうとしてもほとんど意味がありません。

　本書の中でも何回か登場している「デザイン思考」。日本でも紹介されているため、新規事業に取り組んでいる方であればご存知の方も多いはずです。私が初めてこのデザイン思考に触れたのは、20年ほど前にアメリカのABC放送が放映したものをDVDで見た時でした。

　その番組の内容は、新しいショッピングカートを生み出す5日間のプロセスを紹介するもので、最初に少しブレインストーミングをしたかと思うと、すぐにショッピングカートを使用しているスーパーマーケットに足を運び、

顧客にインタビューをしている様子は衝撃的でした。

　YouTubeで「ABC Nightline IDEO Shopping Cart」と検索すると、その映像を見ることができるので、機会があればご覧ください。

　デザイン思考の一番のポイントは現場へ行って顧客を観察することです。このポイントが抜けては意味がありません。

　デザイン思考を提唱したトム・ケリーは、著書の『発想する会社！―世界最高のデザイン・ファームIDEOに学ぶイノベーションの技法』（早川書房、2002年）で「その製品、あるいはこれから作ろうとしている製品に似たものを実際に使っている人びとのところへ行くのだ」と述べています。

　ところが、日本で開催されるデザイン思考のワークショップの多くは、理論の紹介などで、研修室の中で完結してしまい現場へ行く大切さを伝えていません。

　会議室で説明すれば何とかなると勘違いしてしまっているのです。新規事業を立ち上げるのであれば、顧客がいる現場になるべく早く触れることが大事です。

　デザイン思考はイノベーションを起こす手法として注目されているものの、「既に取り入れて浸透・定着している」企業はわずか5.5％という数字が出ています（出典：株式会社ビビビットによる「デザイン経営」「デザイン思考」に対する企業の意識調査　https://vivivit.co.jp/wordpress/wp-content/uploads/2018/11/2018.11.15_%E5%A0%B1%E9%81%93%E7%94%A8PR.pdf）。

　企業に上手く導入されていないのは、デザイン思考の手法だけを学び、現場へ足を運ぶ大切さについて理解されていないのが一番大きな原因でしょう。

　とにかく現場主義に徹して、会議室での検討はデータを収集後に行ってもいいのです。現場から何のデータも得ていないうちに顧客について話し合うのは無駄な時間です。

顧客ニーズを発掘するためにフィールドワークを行う

　「現場で何をすべきか」という時に、文化人類学のフィールドワークの考え方が役立ちます。

祖父江孝男著『文化人類学入門』（中央公論新社、1990年）によれば、文化人類学は、世界の様々な民族や社会について具体的かつ実証的にとらえようとする学問とされています。

　この学問の特色はフィールドワーク（実地調査）によって、物事の真実を見極めようとする姿勢であり、抽象的な思考や手段のみで真実を解き明かそうとするアプローチとは真逆の姿勢と言えます。

　文化人類学では民族史をはじめ、言語、宗教、神話、音楽、家族、慣習、など様々な視点から各民族の研究がなされていますが、これと同様に、新規事業を立ち上げる際には、顧客を知る方法としてフィールドワークを行う必要があります。なぜなら、顧客を知らずに物やサービスを提供することはできないからです。

　先述したトム・ケリー著『発想する会社！』の中では、「イノベーションを可能にするのは、まさにこのような観察に触発された洞察である。人が本来、どのように振る舞うかを見抜くのだ。そしてルールを変える意志の強さを持つことである」とも言っています。

　調査対象となる顧客を観察し、データを集めれば自ずと顧客が何を求めているかが明らかになってくるはずです。

▶ フィールドワークの手法

　フィールドワークの手法は、大きく「参与観察」と「ヒアリング（聞き取り）」に分かれ、広義では「アンケート（サーベイ）」や「文献の収集」「統計資料のリサーチ」なども入りますが、ほとんどの場合、先に紹介したアイデア発想、ヒアリング、リサーチのうち、ヒアリングとリサーチを重点的に行うことになります。

　参与観察は、顧客（取材対象者）に直に接して、どのような行動や生活をしているのか調査する方法です。とはいえ、直に接するといっても、顧客との面識に有無があるので、顧客との距離感によってタイプが分かれます。

　ヒアリングについてはChapter4-3で詳述することにして、ここでは文化人類学のフィールドワークの考え方を参考に、まず参与観察の方法を新規事業の観点から次の4つのタイプに分類してみました。

① 潜入取材方式

　調査していることを全く悟られずに顧客を観察する方式です。潜入ル ポのように、仲間意識が形成されれば、顧客の本音などを引き出すこと が可能になり、関係性が深まるにつれて、顧客の感情も引き出しやすく なります。

　例えば、旅行者向けのサービスを考えている時に、街で出会ったバック パッカーと共に一緒に旅行するようなケースが、これに当てはまるで しょう。

② 密着取材方式

　調査対象者であることを顧客が理解しており、その上で顧客を観察 する方式です。したがって、顧客に「新規事業を立ち上げるため」とい う意図を理解してもらった上で協力を得られるので、時には製品・サー ビスに対するアイデアなどを提供してもらう可能性もあります。テレビ の密着取材などは、取材対象のすぐそばでカメラを回しながら、ひたす ら取材対象を追いかけます。顧客の協力を得られるのであれば、多くの データを集めることができます。

③ 現場観察方式

　顧客（調査対象者）と会う機会を設けつつ、それほど深い関係を形成 せずに顧客から情報を得る方式です。場合によっては会話を交わすこと なく、ただ観察するだけに止めるということもあります。この方式であ れば、顧客と余計な交流をしない分、感情移入せずに冷静に情報を集め ることができるので、新製品や新たなサービスのアイデアを客観的に集 められます。

　先ほど紹介したIDEOのYouTubeを例に挙げると、スーパーマー ケットで買い物をしている顧客に声をかけつつ、買い物をしている様子 を観察するようなケースです。

④ 自然観察方式

　顧客と距離を置いて観察しながら情報を得る方式です。遠くからビデ オで撮影したり、マジックミラー越しに顧客の動向を観察します。調査

する側のリアクションを知られることなく観察できるので、顧客の日常の何気ない様子、その素のデータを得ることができます。

　顧客（調査対象者）と密接に付き合うか、それとも距離を置いて客観的に顧客を観察するか、その時々の状況によって、上記4つの方式を使い分けるようにします。

　例えば、新規事業のアイデアを第三者に悟られずに顧客の情報を集めたいのであれば、「①潜入取材方式」がいいかもしれません。

　新規事業の立ち上げで一番多いケースは「③現場観察方式」です。この方式のメリットは顧客（調査対象者）との接触密度が少ない分、1人当たりの調査時間が少なくて済むため、多くの人を観察することが可能な点です。

　また、ある時計メーカーの場合、新製品開発に際して、「④自然観察方式」を採用しています。顧客（調査対象者）に知られることなく観察できる分、素の状態で顧客の製品やサービスに対する反応が見られ、ネガティブな様子もうかがい知ることができています。

❯ フィールドワークの難しさ

　フィールドワークを行う上で一番難しいのは、客観的に物事を正確に見ることです。

　祖父江孝男さんは著書『文化人類学入門』の中でも、「まったく同じ文化、同じ種族を調査していながら、調査者自身のもつ価値観念が、当人の気がつかないうちにその分析のなかに反映しているという事実であって、さきに名のあがったような一流の人類学者であっても、決して例外ではないという事実である」(231頁)というようなことを述べています。

　祖父江さんが指摘している問題点は文化人類学上大きなテーマになっていて、同じ民族を異なる人が調査した結果、全く違う結果が出てしまうことがあるそうです。

　同様に、フィールドワークの実施でも、調査する人の気持ち、持ち合わせているスキル、顧客（調査対象者）との関係性などによって、同じ対象者に同じような調査したにもかかわらず、違うデータが出てしまうこともあり得

るわけです。

　新規事業の立ち上げに際しても、調査して得られたデータを絶対視することなく、先入観や思い込みに結果が左右されることを知った上で、調査で得られたデータを取り扱うことが大切になります。

人によって観察するところが違うと、違う分析をしてしまうこともある。

アイデア発想については数多くの書籍が出ており、本書において改めて取り上げるまでもないテーマであります。ただ、これほど知識を得る機会が多い分野にもかかわらず、新規事業の実践の場において使いこなしている方が非常に少ないのも特徴です。その原因の1つが、アイデア発想の基本原則を守らずに、それぞれの感覚で進めてしまうことが原因です。Chapter4-2では、アイデア発想において何が大事なのかを述べることにします。

知っているようで、できていないブレインストーミング

新規事業の立ち上げに際してアイデアを喚起するためには、アレックス・F・オスボーンが考案したブレインストーミングは積極的に取り入れたい手法です。そのルールは簡単で、次の4つです。

- ・出されたアイデアを批判せず、判断を下さない
- ・自由かつ奇抜なアイデアを歓迎する
- ・質よりも量を追求する
- ・他人の意見を流用することも歓迎する

ブレインストーミングは多くの方がよくご存知の手法です。しかし、誰もが知っている手法であるにもかかわらず、実際には、これほど正確に行われていない手法もないと言えます。

例えば、新規事業のスタートアップを体験するイベントなどにおいて、担当者間で「ブレストをしましょう」ということになって、いざ、その席に臨んでみると、発言者の意見が批判されたり、出されたアイデアを細かく吟味し始めたりして、とにかく時間がかかり、量よりも質を追求するケースがほとんどです。

企業内のブレインストーミングでも同じような光景が見受けられますが、ブレインストーミングは参加者全員がルールを守らないと、単に議論する場

になってしまい、何の成果も得られないことになります。

　ブレインストーミングに臨む際には、参加するメンバー全員でルールを確認し、それを守ることが、強いてはいい成果につながります。

　場合によっては、ルールに違反する者がいれば、すぐに注意する必要があるでしょうし、例え上司であっても、ブレインストーミング中はルールを守る必要があります。企業内でブレインストーミングが上手く機能しない大きな理由として、上司ほどルールを守ろうとせず、部下であるメンバーが誰も注意できずに終わってしまうことが挙げられます。

　たった4つのシンプルなルールなのに、なぜ守れない人がいるのかというと、ブレインストーミングの言葉だけを知っていて、しっかりとその意味・意義を理解していないことが最大の要因です。

「出されたアイデアを批判せず、判断を下さない」ということであれば、自分の意見がブレインストーミング中は絶対に批判されないことになり、自分の意見に責任を取る必要がないため、いちいち意見を説明する必要もありません。また、「何で？　そのアイデアなのか」をいちいち説明したり、検討したりすると、それなりに時間がかかり、結果として多くの意見が提出されなくなってしまうことにも留意する必要があります。

　ブレインストーミングを成功させるためには、参加者が他のメンバーから批判されない場にすることが大切で、どんな意見でも「OK」だと思えるようになれば、参加者から自由かつ奇抜なアイデアが提出されるようになるはずです。

拡散技法と収束技法を使い分けてアイデア発想を行う

　アイデア収集のポイントは、アイデアを拡散させていく「拡散技法」と、提出されたアイデアを整理していく「収束技法」の2つを使い分けることです。

2つのアイデア発想技法

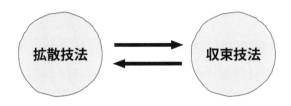

アイデア発想を早く、上手に行うには、2つの技法を分けて行うことがポイント。両方を同時に行おうとするとアイデア発想が上手くいかない。

拡散技法には、先ほど紹介したブレインストーミングほか、マッピング技法、マンダラート、オズボーンのチェックリストなど様々な手法があり、いずれも参考になる専門書が多数出版されています。

収束技法として知られているのが、文化人類学者の川喜田二郎氏が考案したKJ法で、アイデアや思いつきを1枚の紙に1つずつ書き込んでいき、全体を俯瞰して整理整頓し、効率良くグループ化してまとめる手法です。「KJ」とは考案者のイニシャルに因んでいます。

収束技法の手法には、テーマに沿っているかどうかで判断する取捨選択、一定のルールでアイデアをまとめていくグルーピング、評価項目を決めて各アイデアに点数を付けていくランキングの3つがあり、どの手法を使うにせよ、アイデアを広げていく拡散技法に比べて収束技法は1つのアイデアへと収束させていく方法です。したがって「どのアイデアにしようか？」とアイデアを選ぼうとしている状態は、収束技法モードに入っていると言えます。

アイデアの発想に時間を費やしても、いいアイデアがなかなか提出されない理由は、拡散技法と収束技法の2つの技法を同時に行おうとするからです。例えば、ブレインストーミング中にある意見について、いいか悪いか取捨選択しようとするのは拡散中に収束させようとしていることになります。「批判をしない」というルールを守っていれば問題ないのですが、ルールが守れていないと、拡散と収束の両方同時に行う状態に陥ってしまいます。

したがって、ある一定の時間はアイデアの拡散のみに集中し、アイデアがある程度提出された段階で、アイデアを絞り込むように時間を配分することが重要になります。これを怠ると、せっかくのブレインストーミングがスムーズに行われなくなってしまい、無駄な時間を費やすことになります。

Chapter 4 新規事業の立ち上げ方 技術編

繰り返しになりますが、アイデアを拡散させる時も、収束させる時もルールを先に決めて、そのルールに沿って行うことが肝要です。

　ルールを守ってアイデアの発想を行う意味は、個人の感覚に縛られず、様々な視点からアイデアを収集するためです。

　ビジネスの現場では、上司など発言力の強い人の意見によってアイデアが収束されがちです。しかし、それではチームでアイデアを出すことにはならず、ブレインストーミングの意味がありません。参加者全員でしっかりと4つのルールを守るようにしたいものです。

いいアイデアを得るためには判断の延期も必要

　何事も判断が遅いと、否定的にとらえられがちですが、場合によっては判断を急がないほうが、いい結果が得られることもあります。

　ビジネスの世界では、いつまでも何も決めずに、物事が前に進まないのは問題です。しかし、とりわけアイデアを募ろうとする際には判断を急がず、なるべく時間をかけるほうが魅力的なアイデアと、それがいい結果につながる確率が高くなります。つまり、即断したいと思っても、少し立ち止まって判断を延期することも必要になります。

　判断する際には、自分の知識や経験などをベースに考えることがほとんどです。例えば、過去に行ったレストランで美味しい料理を提供されたことを覚えていれば、どんな店に行こうかと迷っている時に、そのレストランが判断基準になるでしょう。何かを決めようとする時に、自分が持ち合わせている情報に基づいて判断することは、リスクを押さえるのに役立ちます。

　新規事業の立ち上げに際しては、今までにないアイデアが求められるだけに、自分の持ち合わせている情報がアイデアの発想を妨げることもあります。あまり自分の考えにこだわり過ぎていると、いいアイデアが得られなくなります。つまり、アイデアの間口を狭くします。

　よく見受けられるのが、一般常識で考えても個人的な経験からいっても、「そんな製品・サービスは今までなかったから世間に受け入れられるわけがない」というフィルターにかけられて、斬新なアイデアであっても駄目だと

判断されてしまうケースです。

　アイデアの良し悪しは検証すればわかります。アイデアを募っている段階で判断を急ぐと、検証する前にアイデアそのものが出なくなってしまいます。

　したがって、ブレインストーミング中に、人のアイデアを批判しないと同時に、自分のアイデアも批判しない姿勢が求められるのですが、よくありがちなのは「これは無理だろう」「これはいいアイデアじゃない」「他の人にはわかってもらえない」といった自分のアイデアへの否定です。

　すると、アイデアを思いついても口に出さずに終わってしまい、また次の機会も同じことを繰り返すことになり、ブレインストーミングに参加する意味がなくなってしまいます。

　こうした状態を回避するために、自らアイデアを判断する前に、思いついたアイデアをとにかくアウトプットすることが重要です。アイデアの量が多ければ多いほど、アイデア同士が結び付き、新たなアイデアに発展していく可能性が広がります。

　ブレインストーミングでアイデアが生まれない状況を打破するためには、先を急がずに、判断をいったん棚上げにして、アイデアを出し合うことに全員が注力するように努めることも大切になります。

サンドボードを設置してアイデアを残す

「サンドボード」という呼び名は、ITの分野で何か試したいことがある場合、砂であれば自由に作ったり壊したりできることに由来し、そうしたテストを試行する場を「サンドボックス」と呼ぶので、パネルであるボードをもじって名づけました。

　テーマに沿って、提出されたアイデアについて話が進められている時に、別のアイデアを思いついてしまうことがあります。先ほどは、思いついたアイデアをとにかくアウトプットすることが大事だと述べましたが、思いついたアイデアについてところかまわず発言してしまうと、議事が進行しなくなってしまいます。

日常生活においても、話がまとまりかけている時に、違うテーマの話が突然出てきて、戸惑うことがあります。そうした状態を避け、効率的に話を整理するためには、話を続けられるようにしておくことが大切で、私はサンドボードをミーティングの場に置くようにしています。

　思いついたアイデアについて検討しないのはもったいない話ですから、進行中の話を妨げないように、あらかじめ用意しておいたサンドボードにいったんそのアイデアをメモしておいて、あとで検討したり、時間に限りがあれば、後日検討するようにします。

　サンドボードを利用するコツは、サンドボードは思いついたアイデアを残すためのもので、アイデアが出された時点で、そのアイデアについて検討しないことです。

　サンドボードを活用する利点は、進行中の話を邪魔せずに、新しいアイデアを残していけることです。せっかくいいアイデアを思いついても、今話すべき内容ではないと判断してしまうと、そのアイデアが残らないことになります。そうしたロスをなくすためにサンドボードの利用は有効です。

　サンドボードはメインのホワイトボードとは別に用意しておきます。ホワイトボードを2つ用意できなければ、模造紙などを利用してもいいでしょう。

　大切なことは、こうすることによって進行中の話を邪魔しないように、アイデアが蓄えられていくことです。

　これまでサンドボードを使ってきて実感するのは、目の前の話が行き詰まった時に、ふとサンドボードを見ると、そこにヒントが書かれていたりして、意外と目の前の話と関連するメモを見つけることが多いことです。

　サンドボードを利用すれば、アイデアを募ることと、目の前の話を邪魔しないという両方のメリットが得られますので、是非試して欲しいものです。

顧客の深層心理を探る ヒアリング

新規事業において顧客ニーズを明らかにすることが最重要課題である以上、顧客へのヒアリング作業は必須となります。顧客に話しを聞いたとき、顧客が欲しい製品、抱えている課題についてスラスラと答えてくれればいいのですが、実際にはこちらが欲しい情報を得られないことがほとんどです。Chapter4-3では顧客への効果的なヒアリング方法について述べることにします。

顧客の本音に触れることができるヒアリング

ヒアリングは顧客に会い、顧客から直接情報を引き出す方法です。顧客へのヒアリングは、表面的にはわからない、顧客の本当の気持ちを知るために行います。

私が専門領域の1つにしている組織開発に「コンテント」と「プロセス」という言葉があります。前者は組織内やコミュニケーションを図る場で交わされている事柄で目に見える部分、後者は目で見えない部分で、気持ちの在り方が大きく影響します。コンテントとプロセスは、海に浮かぶ氷山によく例えられ、氷山の水面に出ている部分がコンテント、水面下で水上から見えない部分がプロセスとして説明されます。実際に言われていないけど、相手の気持ちを推し量って行動する忖度（そんたく）行為はプロセスによって起きる行為です。

「コンテント」と「プロセス」とは

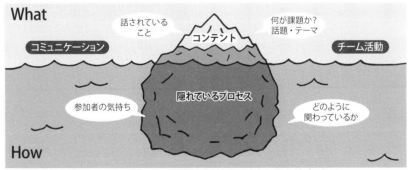

目に見える部分がコンテント、隠れていて表面からは把握できない部分がプロセス。

ヒアリングを行う際に、ただ顧客の情報だけを集めてくればいいと誤解している方がいますが、大事なことは顧客の深層心理まで探ることができるかどうかです。

　顧客の深層心理がわからなければ、ヒアリングの意味はありません。

　なぜそこまで探る必要があるかというと、人は日常茶飯事に本音とは裏腹なこと、つまり嘘をつくこともあるからです。もちろん嘘には、人に悪意を向ける嘘もありますが、人は善意で嘘をつくこともあります。

　人は社会生活を営む中で、他者との関係を維持するために、楽しくないけど楽しいフリをしてみたり、相手を傷付けないように本音とは違うことを言ったりすることが往々にしてあります。

　また、時には自分自身に対しても嘘をつくことがあります。したくないけれど、したいと思ってみたり、周囲の期待に応えるために、本当は気が進まなくても「頑張るぞ！」と自分に言い聞かせてみたりします。

　場合によっては、ほとんど無意識のうちに自分自身に対して嘘をついた状態を続けてしまうこともあります。私は一時期、デジタルコンテンツ制作の請負を生業にしていましたが、本当はやりたくなかったのに、「やりたいこと」として自分自身を騙しながら日々を過ごしていて、他人から指摘されるまで「やりたくなかった」ことに全く気づきませんでした。つまり、自分の気持ちの変化が全くわからない状態に陥っていたのです。

　深層心理がわからなければ新規事業にどのように影響を与えるかというと、調査した時点では「売れる」というデータが出ていたにもかかわらず、全く売れないということが起き得るわけです。顧客が本当に求めていることと行き違いが起きると新規事業が上手く進展しないことになります。

　ヒアリングのメリットは直接顧客に会うことによって、顧客の本音が探れることです。インターネット上のリサーチで収集したデータだけでは顧客の本音を知ることは困難です。

　人はロジカルに本音と異なることを伝えようとする、つまり嘘もつくことがあるので、例えば、アンケートの回答だけを見ると整合性が取れているように見えても、本音では違うことがあります。

　しかし、顧客に直接会うことができれば、表情、言葉、しぐさなどから顧

客の気持ちを汲み取ることが可能です。ヒアリングに際しては、語りかける言葉などに注意を払いつつ、顧客の様子をよく観察することが大切になります。

さらに、ヒアリングによって想定外のデータが得られたとしても、そのデータを歪曲せずに事実として受け止め、ヒアリング後に残しておくことも大切です。

ヒアリングをしても、顧客がヒアリングの内容に全く関心を示さなかったり、ほとんど問題意識がなかったり、既に他のサービスで満足していたり、といった予想外の結果に終わることもあります。また、顧客が抱えている問題が深刻であったり、別に新たな問題が見つかったりすることもあるかもしれません。

私のこれまでの新規事業支援の経過を振り返ってみると、ヒアリングの段階で、発案されたアイデアの80％以上が消えています。

かつて私が支援している中で、ヒアリング対象となる顧客を見つけることができないケースがありました。しかし、その方は「絶対にどこかに自分が思いついた製品を欲しいと言ってくれる人がいるはずだ」と頑なに主張して、思いついたアイデアを捨て切れずにいました。

このようにヒアリングの段階で顧客が見つからなければ、それは、この方のアイデアに基づいてビジネスを始めても顧客が見つからないことを意味します。このケースでは、早々に後戻りしてビジネスのテーマを見直すなど、顧客の定義を再検討するほうが賢明です。

総じて言えることは、たった10人程度にヒアリングするだけでも、自分たちの思いついたアイデアが顧客の興味を引くかどうかがわかるので、より精度の高いデータを得るために、なるべく多くの人にヒアリングすべきだということです。

ヒアリングチェックシートを作成する

ヒアリングをする際には、自分たちがどのような仮説を立ててヒアリングに臨んだのかを明確にしておき、ヒアリング後に得られたデータと照合しや

すくするために、事前にどのようにヒアリングをするのか、チェックシートを作成しておくといいでしょう。

　チェックシートの作成ポイントは、ヒアリングに携わるメンバーが、同じようにヒアリングできるようにしておくことで、押さえておきたいのは以下のような項目です。

❶ ヒアリングターゲット（顧客の定義）
❷ ヒアリング期間
❸ ヒアリングの目標人数
❹ ヒアリング方法
❺ 顧客の願望を想定
❻ 顧客の課題を想定
❼ ヒアリング項目（顧客の行動を想定）

❶ ヒアリングターゲット（顧客の定義）

　設定した顧客の定義を再確認します。定義が曖昧なままだと、ヒアリングをしても無意味になる場合があります。例えば、富裕層の主婦を想定している場合、大衆的な店舗の前で主婦にヒアリングしても意味がありません。

　わずかに定義がずれていただけでも、ヒアリングの結果が大きく変わってしまう可能性があるので、想定する顧客を明確にしておき、ヒアリングする顧客が間違っていないか、事前に確認しておく必要があります。

❷ ヒアリング期間

　効率良くヒアリングの対象者を見つけることができればいいのですが、見つからないとダラダラと対象者を探してしまうことになります。いつまでに結果を出せばいいのか、その日程を明確にしておきます。

❸ ヒアリングの目標人数

　より多くの人にヒアリングできればいいのですが、通常、時間と予算

が限られている中で行うことになるので、あらかじめ「最低10人、できれば30人」というようにヒアリングの目標人数を設定しておきます。少ない人数でも1人で行うと結構な労力を要しますから、ヒアリングに携わるメンバーで適切に人数を割り振るようにします。

❹ ヒアリング方法

どのように顧客にヒアリングをするのか、その方法を決めておきます。個別面談、グループ面談、インターネット上での面談など様々な方法が考えられます。また、顧客の人選についても、直接自分たちで顧客を探すのか、人に紹介してもらうのか、セミナーや体験会を開いて顧客とコンタクトを取るのかなど、様々な方法が考えられますが、自分たちに合った方法を決めておきます。

❺ 顧客の願望を想定

顧客が何を求めているか、その願望について想定しておきます。顧客が「得たいこと」「なりたいこと」「求めていること」などがあるからこそ、ニーズが発生します。現在、顧客がどのような願望を持っているのかを想定して書き出しておきます。顧客が気づいていない願望が書かれたとしても、ヒアリングの際にそれについて確かめればいいでしょう。

❻ 顧客の課題を想定

顧客がどのような課題を抱えているかについても想定しておきます。例えば、日常生活の中で衣食住についても様々な環境の変化があるので、そうしたことにともなう課題を顧客の立場で書き出しておきます。

❼ ヒアリング項目（顧客の行動を想定）

顧客へのヒアリング項目を書き出しておきます。基本的な項目は、先の顧客の願望および課題を想定した質問と、顧客の現状を確認する質問の3つで、それぞれ次のような点について留意します。

1. 顧客の願望について質問する時の留意点
- ・顧客は「今、ここ」の何を変化させたいのか？
- ・願望について具体的なイメージを持っているのか？

2. 顧客の課題について質問する時の留意点
- 解決できずに困っていることはあるのか？
- 既に解決できていることは何か？
- 解決方法について認識しているのか？
- 解決方法がわかっているのに行動しないとすれば、その理由は何か？

3. 顧客の現状について質問する時の留意点
- 顧客は「今、ここ」においてどのような状況に置かれているのか？
- 顧客は「今、ここ」においてどのような情報を持っているのか？
- 将来、叶えたいことのために「今、ここ」で顧客がしていることは何か？
- 「今、ここ」で顧客に起きていることは、過去のどのような出来事が影響しているのか？

　質問する時は「今、ここ」を基準にするようにします。「今、ここ」とは英語の「Here & Now」を訳した言葉で、哲学や、心理学、そして組織開発などでもよく使われる言葉です。未来でも過去でもなく、今、この場所で起きていることは何か、目の前で起きていることに集中してもらいたい時に使います。「今、ここ」でない回答は、顧客の思い込みかもしれず、本当ではない可能性があります。

　例えば、「いつか〇〇をしたい」という回答は、「できたらいいなあ」という非現実的なことで、理想かもしれません。「今、この瞬間ウイルスに感染するか心配しています」といった回答だと、切迫した動機があることが読み取れます。

顧客のイメージを共有化する

　チームのメンバーなど複数でヒアリングする場合は、顧客の情報を共有化

しておく必要があります。顧客がどのような1日を過ごしているのか、例えば、何時に起床して、どのようなTV番組を見て、通勤途中にはどのような新聞・雑誌に目を通し、会社ではどのような仕事ぶりであるのかなど、様々なイメージをチーム内で想定しておきます。

　飲食サービスSoup Stock Tokyoを立ち上げた遠山正道さんは、著書『スープで、いきます 商社マンがSoup Stock Tokyoを作る』（新潮社、2006年）の中で、事業を起こす際「スープのある1日」という物語風の企画書を書いたそうです。

　企画書には、ターゲットとなる女性のライフスタイルをイメージして「秋野つゆ」という架空の人物を登場させ、年齢・性格・信条・理想・生き方などを紹介しつつ、自分が立ち上げる会社が、どのような女性を想定しているのかを明確にしたといいます。

　顧客のイメージをより具体的にするために、これと同じような作業を行うようにしますが、特にチームでヒアリングに取り組もうとする場合は、顧客のイメージを共有しておくことが大切です。

　具体的にチェックシートにそのイメージを列記してみると、チームメンバーは各人各様で、顧客に対するイメージが異なっていることがわかります。

　同じ30代の女性といっても、キャリア志向の女性と家庭に入ることを望む女性とでは大分イメージが違います。顧客に対するイメージがバラバラでは、せっかく集めたヒアリングのデータから課題を抽出する時に、何が課題なのかが不明瞭になってしまいます。

　まだ顧客へのヒアリングを始めていない段階で、こうした状態のままであれば、何をヒアリングしようとしていたのかもわからなくなってしまいますから、事前に自分たちが顧客について具体的なイメージをどれほど持てるのかが大切になります。

ヒアリングする際の効果的な尋ね方

　ヒアリングの目的は顧客に起きていることを主観的ではなく、客観的に知

り、それをビジネスに活かすことです。

　ヒアリング中に相手を分析したり、判断したりしながら行うと主観的に顧客の情報を集めることになるので、できる限り、ヒアリングの途中で何も判断せずに自然な状態で顧客に起きている事柄を尋ねるようにします。

　一度、ヒアリングの対象者から返ってくる言葉を主観的にとらえてしまうと、なかなかそうした状態から抜けられなくなり、結果として精度の高いデータが得られなくなってしまいます。

　例えば、顧客が肉よりも魚を好きだと自分が思った瞬間に、データの正確性が失われてしまうかもしれません。本当は肉が好きなのに、ダイエットのために魚を食べているのかもしれないわけで、そうした勘違いは往々にして起こりがちです。

　このように顧客の好みを主観的に判断し、勘違いしてしまった瞬間に、あとの質問事項にその影響が及ぶことも問題です。ヒアリングに携わる者の主観的な思い込みがどんどん強くなると、顧客を誘導するような質問が増えてくることになります。「やっぱり○○が好きなんですよね？」というように、顧客に同調させる質問を投げて、ヒアリングする側が欲する答えを求めるようになってしまいます。

　例えば、「こんな製品だったら欲しいと思いませんか？」「こういったサービスがあれば役立つと思いませんか？」といった質問は避けるべきです。

　このような質問を投げかけると、顧客はヒアリングする人に気を遣ってしまい、本音を明らかにしなくなってしまいます。人は誰かとコミュニケーションを取る際に、その場の空気を読むのが常です。相手の様子をうかがいながら、その場の雰囲気に合わせて、相手が納得しそうな回答をすることがあるので要注意です。

　コーチングの質問スキルの1つに「チャンクダウン」という方法があります。「チャンク」は「かたまり」のことで、チャンクダウンは、かたまりをほぐしていくことを意味し、「チャンクダウン」とは、文字どおり物事を細かく解き分けながら、何が起きているのかを明らかにしていくことです。例えば、記者が取材する時に5W1Hを意識しながら質問するように、「チャンクダウン」では起きている事柄を、より具体的に細分化しながら問題を究明し

ていきます。

🔵 「チャンクダウン」を行う際の質問例

誰と（Who）	誰が（Who）
どこで（Where）	どこに（Where）
いつ（When）	いつから（From When）
何を（What）	していたことは（What）
どのように（How）	原因は（How）
何人（How Many）	
いくらの（How Much）	
どのくらい（How Long）	

　繰り返しになりますが、ヒアリングの目的は顧客に起きていることを主観的ではなく、客観的に知り、それをビジネスに活かすことです。そのためには、顧客の気持ちに寄り添いながらヒアリングしていく必要があります。
「チャンクダウン」の方式に準じて質問を続けると単純な繰り返しになってしまうので、顧客の気持を配慮しながら、例えば、次のように質問するようにします。

- ・あなたはそのとき、どのようなことをするのですか？
- ・同じことを繰り返すことはありますか？
- ・そのとき、あなたは何をしたくなりますか？
- ・そのとき、あなたはどのような気持ちになりますか？
- ・そのとき、あなたの中にはどのような感情が沸き起こってきますか？　そして、それはどのような感じで起きますか？
- ・あなたは普段、それをどのように解決していますか？

　質問をする際には、なるべく顧客の具体的な行動と感じていることについて尋ねるようにするのがポイントです。
　上記の質問例の中に「Why」が入っていないことに気づかれた方がいると

思います。ヒアリングをしていると、早く答えを得ようとして、単刀直入に答えを求める質問がしたくなり、次のような質問をしがちですが、こうした質問では本来求めるべきデータが得られない可能性があります。

- ・何が欲しいですか？
- ・なぜ、それが欲しいのですか？
- ・なぜ、買わないのですか？
- ・困っていることはありませんか？
- ・何を解決したいですか？

　このように顧客が欲しいと思っているものを単刀直入に尋ねる質問や、「なぜ？」と、その理由をダイレクトに問う質問は、顧客の本音とは裏腹な答えを引き出してしまう可能性があります。なぜなら、単刀直入に尋ねる質問に対して、顧客は本当に解決したいことや、求めているものではなく、適当に返答する傾向があるからです。あるいは、顧客が間違っていることを単純に信じ込んでしまっている場合もあります。

　スティーブ・ジョブズは、「自分が何を欲しいかなんて、それを見せられるまでわからないことが多いものだ」（『スティーブ・ジョブズ名語録 人生に革命を起こす96の言葉』PHP研究所、2010年）という言葉を残しています。

　スティーブ・ジョブズは、顧客が「欲しい」と思う製品を、顧客からダイレクトに答えを得ようとしても何も意味がないことに気づいていたのかもしれません。

　ヒアリングの際に起こりがちな失敗は、バイアス（偏見）のかかった質問を顧客にすることにより、ビジネスが上手く行くと信じ込んでしまうことです。

　「ヒアリングでは、多くの人が購入すると回答していたのに、実際に製品を販売すると、誰も買ってくれなかった……」ということが、新規事業の場合はしばしば起こります。実際に新規事業を立ち上げてから後悔しないために、ヒアリングを通して顧客の情報を丁寧に集めることが大切です。

ヒアリング中に顧客の感情を感じ取る

　顧客が求める製品・サービスを提供するための基本は、「誰の」「どのような課題を」「どのように解決するか」の3つです。

　例えば、顧客の「痛み」を解決する製品を提供することができれば、マネタイズ（収益化）への道が付けやすくなります。顧客は、早く、簡単に「痛み」から解放されたいため、多少のリスクを負ってでもその製品を購入したいと思うようになるからです。

　これほどダイエット商品が多く出回っているのも、その背景には努力して痩せるよりも、簡単に痩せたいという顧客の気持ちがあります。ということは、製品・サービスを提供しようとする側は、ヒアリングを通して顧客にどのような問題が発生して、どのような課題を抱えているのかに気づく必要があるわけです。

　こうした時にヒントになるのが、顧客が自分自身に起きていることに対して、どのような負の感情（マイナスイメージ）を抱いているのかということです。負の感情は、何かストレスになっているもので、少なくとも楽しかったり、ワクワクしたりするようなことではなく、次のような言葉や行動となって表われます。

●「負の感情」のリスト

- ☐ 面倒だなあ　☐ 何とかしてくれないかなあ
- ☐ もっと簡単にならないかなあ　☐ 痛い嫌だ
- ☐ やりたくない　☐ 不快だ　☐ 気持ち悪い
- ☐ やめたい　☐ このままじゃまずい
- ☐ 前に進まない　☐ 何から始めたらいいんだ
- ☐ 自分にはできない　☐ 助けて欲しい　☐ イライラする
- ☐ 不安でたまらない　☐ とても心配だ……

顧客が負の感情を表すということは、顧客に何か問題が生じているはずですから、顧客の言動を見逃さずにチェックしておくようにします。

　また、顧客自身が負の感情に気づいていないこともあります。そうした場合はヒアリング中に、単刀直入に尋ねると、顧客自らが負の感情に気づいて、より深いレベルで本当に何を求めているのか、明らかになる可能性があります。したがって、顧客の負の感情に気づくことが、ヒアリングの成果の差につながると認識しておくことも大切です。

　顧客の負の感情に気づくためには、五感による観察力を高めるようにします。観察力を高めることができれば、顧客の表情やしぐさ、言葉の微妙な変化にも気づくことができます。

　例えば、誰しも気に入らないことがあれば、顔や目を合わせなかったり、イライラしていれば、貧乏ゆすりやため息をついたりします。こうした動作を顧客がしている場合は、言葉には表さなくても、何らかの負の感情がわいているはずですから、その原因が何なのかを注意深く尋ねるようにします。

　五感による観察力を高めると、顧客の気持ちを感じ取ることができます。返ってきた話の内容によっては、なんともやるせない気持ちになったり、顧客のイライラや悲しみを感じたりするかもしれません。しかし、それは顧客の負の感情が伝わってきている証ですから、そうした際は、顧客からより深い情報が得られるチャンスととらえていいでしょう。

　ゲシュタルト療法ではエンボディリスニングという手法があります。思考を使わず、相手を分析しないで自分自身の体を使ってクライアントと対話しようという手法です。私などは思考が強いので不得手な手法ですが、自分の体の感覚も感じ取りながら、ヒアリングできれば顧客の感受性に強く訴えるデータを得ることができます

　最初はそのやり方がわからなくて戸惑うかもしれませんが、ヒアリングをする際に、自分自身にも意識を集中するようにしてください。ヒアリング中に何か顧客の変化を感じ取れたら、大事な情報が得られるかもしれません。その変化の要因を確かめるようにすれば、それまで気づかなかった顧客の深層心理が読み取れるようになってくるはずです。

顧客の課題から "真の課題"を見出すために

集めたデータから顧客の課題を発見する作業は、Chapter1で述べた顧客レンズ作りの一環と言えます。Chapter4-4では収集したデータを整理して、顧客が一番解決して欲しい課題を明らかにする方法について説明します。

顧客の課題を見出すためのフレームワーク

　顧客が求めるものを見出す作業、つまり顧客の課題を解決する作業を、マーケティングでは「ニーズ」や「インサイト」という言葉で表現することがあります。この作業は、新規事業を展開していく上で非常に重要なパートであり、顧客の課題を見出すことができなければ、真に顧客の要求に叶った製品・サービスの提供にはつながりません。

　私は顧客の課題を見出すための方法として次の図のような「企画のひし形」というフレームワークを用いています。

　このフレームワークを用いる理由は、思いついたビジネスのアイデアが思い込みではなく、顧客の課題解決に結び付いていることをわかりやすく"見える化"するためです。

　顧客が何を求めているのかを視覚的にとらえ、4つの項目の条件を満たすことによって、各ロジックに誤りがないかをチェックしつつ、顧客の課題を見出すことができます。

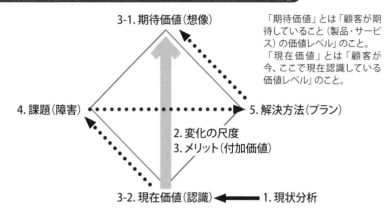

顧客の課題を見出すためのフレームワーク「企画のひし形」

3-1. 期待価値(想像)

「期待価値」とは「顧客が期待していること(製品・サービス)の価値レベル」のこと。
「現在価値」とは「顧客が今、ここで現在認識している価値レベル」のこと。

4. 課題(障害)　5. 解決方法(プラン)

2. 変化の尺度
3. メリット(付加価値)

3-2. 現在価値(認識)　1. 現状分析

●「企画のひし形」を使った顧客の課題発見から解決方法までのプロセス

1. 現状分析（行動、環境、認識）
2. 変化の尺度を決める（4つの変化軸）
3. 変化の量を決める（顧客に提供するメリットをはっきりさせる）
   ・期待価値の基準点を決める
   ・現在価値の基準点を決める
4. 顧客の課題を明らかにする
5. 課題の解決方法を考える

集めたデータを整理・分析する（現状分析）

　アイデアの立案、ヒアリング、リサーチの作業が終了次第、現状のデータを整理・分析していきます。整理・分析することによって、顧客に「今、ここ」で何が起きているのかを明らかにしていきます。

　この作業を進める際の注意点はデータ出しが一通り終わってから、整理作

業に入ることです。データがすべて揃わないうちに、あとでデータを追加してしまうと混乱の元になり、それまで整理していた作業が無駄になるかもしれません。

集めたデータの現状分析

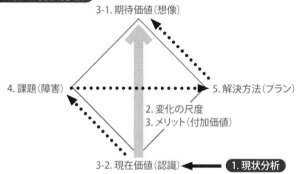

3-1. 期待価値（想像）

4. 課題（障害）　5. 解決方法（プラン）

2. 変化の尺度
3. メリット（付加価値）

3-2. 現在価値（認識）　1. 現状分析

ただ、整理・分析をしているうちに新しいアイデアを思いついてしまうことがあります。そうした場合は先述したようにサンドボードに新規のアイデアを書き留めておくといいでしょう。

整理・分析の作業は、行動、環境、認識、という3つの視点でデータを振り分けていきます。

整理・分析の作業は3つの視点でデータを振り分ける

行　動	環　境	認　識

顧客が日々実際にしている
アクション

顧客自身および、
顧客に影響を与え、
作用する周りの状況

顧客自身、および周りに
ついてのとらえ方

「行動」とは、顧客が実際に日々行っている具体的なアクションを指し、例えば、「毎日夕方の〇時にスーパーマーケットへ買い物に出かける」「ダイエットのためのサプリをよく服用している」「週末は趣味の〇〇のために〇〇に通っている」というようなことです。

　行動は時系列に並び替え、位置情報を付与して整理すると、顧客の行動パターンを整理・分析しやすいはずです。

顧客を取り巻く「環境」を整理する

「環境」とは、顧客を取り巻く状況と顧客自身の状況を指し、顧客が置かれている環境がどのような影響を顧客に与え、どのように作用しているのかをまず整理します。「環境」はこのあとに説明する「認識」に対して客観的に、起きている事実を列挙するようにします。

　顧客を取り巻く「環境」のデータは、経済・政治情勢といったマクロ的な視点と、家族、仕事、住んでいる地域といった顧客にとって身近なミクロ的な視点とに分け、さらに、顧客にとってプラスであるか、マイナスであるかに分類すると整理しやすくなるはずです。

　ミクロ視点でプラス要素の領域は顧客の行動を直接後押しする領域となり、マクロ視点でのプラス要素は間接的に顧客を動機付ける領域となります。

環境分析の例 環境分析——飲食店をターゲットにした場合

	ミクロ視点 身の回りの出来事、顧客が直接ふれること	マクロ視点 経済情勢、国の法律など、社会全体の流れ
プラス	デリバリーを代行する会社が増え、簡単にインターネット上で販売できるようになった。	多少金額が高くなっても、インターネット注文することが当たり前になってきた。
マイナス	予約客のキャンセルが相次いでいる。	ウイルス感染増大の影響で、外食を避ける風潮になってきた。

一方で、ミクロ視点でマイナス要素の領域は、顧客にとって切迫した痛みを引き起こしており、問題解決が求められる領域です。マクロ視点でのマイナス要素は、今、すぐには問題にならないものの、長期視点で顧客に脅威を与える領域となります。

顧客の認識を4つの領域に振り分ける

「認識」とは、顧客が周囲と自分自身をどのようにとらえているかを指し、あくまでも主観的な事柄です。例えば、「〇〇社の製品・サービスに対して〇〇のような不満を持っている」「自分の英会話能力に自信がある」「勤務先を〇〇のように感じている」というようなことです。

　顧客自身が現在、置かれている状況、資産やスキル、心の状態などを「今、ここ」でどのように認識しているのかを、顧客が置かれている環境の内側と外側、ポジティブとネガティブという観点から分類・整理します。

　内側と外側の間を境界線で分け、個人であれば自分でコントロールできる内側を「内部環境」、外側で起きることを「外部環境」、法人・団体であればその組織内や敷地内を「内部環境」、組織外や敷地外を「外部環境」というように振り分け、認識している事柄については、プラスと感じていることを「ポジティブ」、マイナスと感じていることを「ネガティブ」に振り分け、次の図のような4つの領域に区分します。

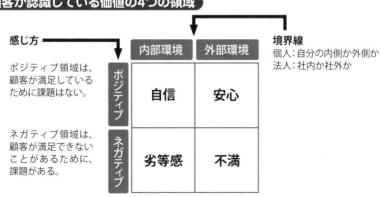

顧客が認識している価値の4つの領域

感じ方		内部環境	外部環境	境界線 個人：自分の内側か外側か 法人：社内か社外か
ポジティブ領域は、顧客が満足しているために課題はない。	ポジティブ	自信	安心	
ネガティブ領域は、顧客が満足できないことがあるために、課題がある。	ネガティブ	劣等感	不満	

内部環境でポジティブは自信となり、内部環境でネガティブは劣等感。前頁の図に示したとおり、外部環境でポジティブは安心となり、外部環境でネガティブは不満となります。

このように収集したデータを4つの領域に分けることによって、顧客が現状に対してどのような認識をしているのかが把握しやすくなります。

▶ 自信

自信は、顧客が何かを考え、行動を起こす際のモチベーション（動機付け）になっている要素です。

自分が保有している資格に誇りを持っていたり、周囲が認める能力や十分な資産があったり、そうした要素があれば自分に自信を持ち、何かをしようとするモチベーションは高まるものです。ただし、こうしたことを本人がどのように認識しているかということが大事です。

例えば、分析する側から見ると十分なスキルを持っているように見えても、顧客が他者と比較した場合、認識していることが異なっていることがあるからです。ある人にとって英会話をできることは自信になっていたとしても、通訳を目指している人にとっては、既に同時通訳できる人と比べて全く自信になっていないことがあります。

したがって、純粋に顧客の自信になっている事柄について確認する必要があります。

▶ 劣等感

劣等感は、自信とは逆に顧客のモチベーションを下げてしまう要素です。

周りから素晴らしいスキルを持っていると思われているにもかかわらず、劣等感によってそれが活かされていないようなケースもあります。

周囲が「やってみればいいじゃないか」と言いたくなるようなことでも、自分に対して自信を持てていなければ、「でも面倒だから」「どうせできないから」「無理だと思う」という気持ちに陥ってしまいがちです。

企業であれば、自社が持っている技術に対して満足できず、他社に勝てないと思っていることもあるでしょう。

したがって、顧客自身がそうした状態に陥っていることに気づいていない
ケースを鑑みて、顧客が抱えているストレスの要素を確認する必要があります。

❯ 安心

　安心は、顧客の思考・行動を左右する追い風の要素です。経済状況が好転
したり、置かれている環境が良くなったりして、外部環境に対して顧客がポ
ジティブにとらえている事柄がこの領域に入ります。

　例えば、自社が取り組んでいる環境事業の領域に対して、政府からの後押
しがありそうだというニュースが出ると、安心感からさらに投資をしようと
いう気持ちが生じるはずです。

❯ 不満

　不満は、安心とは真逆の顧客の思考・行動を左右する逆風の要素です。経
済状況や置かれた環境の悪化など、顧客がネガティブにとらえている事柄が
この領域に入ります。

　マクロ的な要素だけではなく、使っているアプリの使い勝手が悪い、と
いったミクロな要素もここに入ります。そういった不満は愚痴や批判などの
言動となって現れることが多いので、不満の要素はとらえやすく、少なくと
もこの領域について、顧客は何とか変えたいと願っているはずです。

　161頁の図の上段のポジティブな領域のデータから顧客が満たされている
ことがわかり、課題がないことが推測されます。一方、図の下段のネガティ
ブな領域に振り分けられたデータからは、顧客が何らかの問題を抱えている
ことがわかります。

「認識」を分類する際の注意点は分析する側の思い込みをなくすことです。
先ほどの置かれている「環境」と違い、顧客が「認識」していることだから
です。なぜならば、意外にも多くのケースで、顧客が自分自身の状況を客観
的に認識していなかったり、周囲と異なった見方をしていることがあるから
です。したがって、顧客と周囲の両方の目線で分類・整理する必要があるわ
けで、要は偏った見方をしないことが大切です。

例えば、メタボでいつ糖尿病にかかってもおかしくない状態であるにもかかわらず、それを認識していなかったり、このままだと倒産間近の状況にもかかわらず、財務状況はまだ大丈夫だと思い込んでいたり、得てして人は現実を歪曲して認識していることが多いものです。

　同じ事象であっても顧客によってとらえ方が違う可能性もあります。例えば、コロナ禍の状況にあって、在宅勤務に不満を感じていない顧客もいれば、人と自由に会えなくて不満だらけの顧客もいるわけです。こちらの思い込みがあると、上手く分類できないので気を付けてください。

　先ほど、整理・分析の作業は、「行動、環境、認識という3つの視点でデータを振り分けて」と述べたのも、客観的なデータと主観的なデータに分ける目的があります。

　ネガティブな領域にはビジネスの種が潜んでいるはずなので、データを振り分ける際に、この領域に顧客が問題だと感じている事柄が入っていることをよく確認するようにします。

顧客が気にしている変化の尺度を明らかにする

　現状分析が顧客の「今、ここ」に関する分析だったのに対し、今度は顧客が将来に対して何を思い、何を感じているのか整理、分析します。

　現在感じている価値と将来期待している価値の差は、顧客が製品・サービスに求めるニーズを明らかにすることになります。顧客が求めていることを明らかにするには、次の点に留意して進めましょう。

> ・顧客の価値の差をどのような尺度にするのか
> ・顧客の価値の差をどのような基準に設定するのか

「尺度」とは、どのような変化を顧客が求めているのかということです。また、「基準」とは、どの程度変化を求めているかということです。

　少しの変化でも満足できるのか、より大きな変化を求めているのか、顧客

が得られるメリット（付加価値）について明らかにしていきます。

　ここでは、まず顧客がどのような変化を求めているのか、尺度について述べていきます。

「変化の尺度」とは

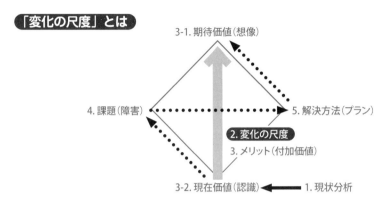

　顧客は、気持ちが軽くなるマインドの変化、知識や能力がレベルアップするスキルの変化、所有している資産が増えたり、人脈が広がるリソースの変化、健康になったり、容姿が美しくなる身体の変化など、何かしら変化を望んでいます。

　そこで、どのような視点で、どのように変化したいと思っているのか、ヒアリングしたデータの中から顧客が期待していることを抽出します。

　一方、将来に対する不安や、マイナスに感じていることがあれば、そうした不安の要素も抽出するようにします。

　例えば、個人であれば、「現在の収入が減るのではないか」「将来健康が損なわれるのではないか」といった不安、企業の場合であれば、「技術の優位性が失われるのではないか」「他の企業とトラブルになるのではないか」といった不安です。

　いずれも、将来悪くなることを想像して不安を抱えている状態ですので、現状に戻ることを望んでいるはずです。

「今、ここ」では無理だとしても、顧客が将来の状況変化をどのように想像しているのかを明らかにすることにより、顧客が期待している理想的な状態（顧客にとっての価値）と顧客の不安の要素が見えてきます。

この「今、ここ」と将来について想像している変化が顧客が求めている
ニーズとなります。顧客が求めている変化について、次の図のように4つの
尺度から述べます。

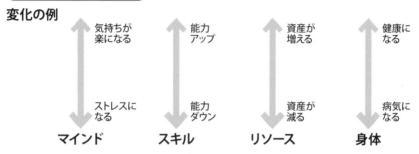

顧客が求める変化とは 顧客がどの尺度での変化を求めているのか軸を定める。

変化の例

マインド	スキル	リソース	身体
気持ちが楽になる ↕ ストレスになる	能力アップ ↕ 能力ダウン	資産が増える ↕ 資産が減る	健康になる ↕ 病気になる

❯ マインドの変化

「マインド」とは、人の考え方、メンタルな部分を指し、「ストレスがなくな
る」「生き方が前向きになる」「ウツウツとした気分が解消される」「チャレンジ
する気持ちが沸いてくる」「幸せを味わえる」といった心の様子です。

いわゆるエンターテインメントと言われる業界は、常にマインドの変化に
アプローチしており、音楽を聴くこと、コンサートを楽しむことで気分が高
揚し、テレビゲームを楽しむことにより、ストレス解消することに貢献して
います。そうした意味では、旅行業もマインドに変化を与えるビジネスと言
えます。

法人のサービスの場合は、社員のモチベーションを上げる研修サービスな
どがマインドの変化をもたらすサービスと言えるでしょう。

マインドの変化については定量的に判断できないことと、人によって価値
観が異なるため、抽象的でビジネスとしてとらえるのが難しい領域でもあり
ます。例えば、「心が豊かになる」ということを説明しようとしても、具体的
にお金が増えるのと違って、心にもたらされる価値を数値で説明することは
難しいでしょう。

顧客の気持ちにアプローチする製品・サービスを考える際は、顧客のマイ

ンドの変化をとらえるようにすることがポイントです。「プラスの感情が増えることを期待しているのか」それとも「マイナスとなる負の感情が解消されることを期待しているのか」「どのような言葉でそうした感情を表現しているのか」、データを収集する時に見極めるようにします。

スキルの変化

「スキル」とは、「何かを達成するために必要となる知識や技術などの能力」のことです。

　例えば、個人の場合であれば、英会話教室、資格取得のためのスクール、あるいは通信教育など多種多様な学びに関するサービスがあります。企業の場合であれば、営業のスキルアップのための研修、技術的な教習など、企業の生産性を上げることに貢献するサービスがあります。

　新しいインターネットマーケティングの手法に関するセミナーに参加したり、英会話教室に通おうとするのは、自身のスキルアップを図ろうとするからです。そうした機会を設け、顧客が具体的にどのような変化を望んでいるのかを、収集したデータの中から抽出するようにします。

リソースの変化

「リソース」とは、目的を達成するために必要な要素を指し、ビジネスの世界では、人材、資金、物質、時間など異なる種類を総じてリソースと呼ぶことが多いようです。

　個人であれば、お金持ちになりたい、物が欲しい、いい人脈が欲しい、もっと時間が欲しいなどを動機として、資産運用やコミュニティなどのサービスによるリソースの変化を望んでいます。

　法人・団体であれば、ヒト・モノの移動、売上アップ、コストカット、時間短縮、あるいはシステム開発や研究開発、新製品の開発や新規事業への取り組みなど、様々な面でリソースの変化を求めています。

　リソースの変化は個人であれ、法人・団体であれ、常に望んでいる変化なので、ヒアリングで収集したデータの中から把握しやすいはずです。

　ただし、顧客はリソースの変化について、どこまで望んでいるのか具体的

にイメージできていないケースもあるので、注意を要します。

　リソースは潤沢にあるほうがよく、上を見たらキリがありません。しかし、その変化が大きすぎると現実感がなくなってしまい、荒唐無稽になってしまいかねません。したがって、どこまで顧客が望んでいるのかを明確にすることが大切です。1つの指標が明らかになったら、次にどこまで望んでいるのかを尋ねるようにします。

　そのようにして、段階的に顧客の要望を把握していけば、新規事業のアイデアはより現実味を帯びてくるはずです。

▶ 身体の変化

　身体の変化とは、健康や容姿など身体に関することです。

　個人であれば、多くの人が自分の身体に常に関心を持ち、ダイエット商品、サプリメント商品、トレーニングジムや運動施設、医療機関などを利用して健康・容姿の変化を試みています。

　法人・団体であれば、社員のヘルスケアをサポートするようなサービスなどを提供し、組織全体の健康維持に努めているケースが多く見受けられます。

　身体の変化については、現在の健康や容姿が良好になることを期待して行われているものもあれば、一方には将来の不安を解消するために行われているものもあります。

　例えば、医薬品は不健康な状態を良くするための製品ですが、ダイエット商品やサプリメント商品は、いわゆる未病を意識して、将来、身体が衰えるのを避けるために服用しているケースがほとんどでしょう。

　つまり、「今、ここ」で何ら異常がなくても、先々のことを心配して、自分なりに将来の価値を求めて変化しようとしているわけです。

　したがって、収集したデータを整理する際には、顧客が未来に対して不安を抱いているようなケースも見逃さないことが大切です。

顧客のニーズを知るには同じ変化の尺度で比較する

　顧客が現在認識していることの価値（現状価値）と顧客が期待しているこ

との価値（期待価値）の関係は、同じ尺度になるようにできるだけ近づける必要があります。

例えば、顧客が「体重が重く、太っている」現状に対して、変化の先を「異性にモテるようになりたい」というように設定してしまうと、現在が身体的な尺度であるにもかかわらず、変化の先にマインドの要素が入った尺度になってしまうため、違う尺度になってしまいます。

したがって、こうしたケースの場合は、「太っている」→「腹筋が割れているボディーになる」という身体面か、「パーティで異性から声をかけられない」→「異性から声をかけられるようになりたい」というマインド面のどちらかに近づける必要があります。

Twitter社のサービスの例でいうと、顧客のニーズは時間の尺度（リソース）で設定されていました。「世の中で何が起きているのか知るまでに時間がかかる」というのが、同社創業時の顧客の立場に立った認識できる価値（現在価値）で、顧客に与えたい変化（期待価値）は「世の中で何が起きているのか、今すぐに知ることができる」ということでした。

また、新規事業を立ち上げる際には、ついつい、あれもこれも、といろいろな価値を提供できる製品・サービスを作りたくなるようですが、顧客のニーズに何でも応じようとすると特徴のない製品・サービス作りになってしまいます。

Chapter1-1でも述べましたが、シャープが低迷していた時に、プラズマクラスター（空気清浄機）を付けられるコピー機という、何を狙ったのかわからない製品を発売したことがありましたが、尺度が定まらないと、こうした奇妙な製品が出来上がってしまいます。

要は、現在と変化の先の関係を計算ができるように、どのような尺度・基準で顧客のニーズを把握するかが重要になります。

顧客が求めているメリット（付加価値）を明らかにする

顧客は自分が求めるメリットに応じてリスクを負うことになりますが、そのコストは「お金」だけではありません。「時間、移動、健康、メンタル、情

報の提供」なども、求める価値に応じて負うことになります。

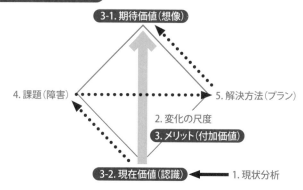

顧客が求めるメリットとは

3-1. 期待価値（想像）

4. 課題（障害）　　　　　　5. 解決方法（プラン）

2. 変化の尺度

3. メリット（付加価値）

3-2. 現在価値（認識）　←　1. 現状分析

　何らかの製品・サービスを得ようとすれば、当然のことながら、顧客はお金を支払うことになり、それ以外にもリスクを負わなくてはいけません。

　旅行サービスは時間と移動のリスク。タバコは健康リスクを承知の上で多くの顧客が買い求めます。本当はやりたくないけど、やらなくてはいけない資格取得のための勉強やダイエットなどは、メンタルのリスクをともないます。そして、インターネットサービスではお金というリスクを払わない代わりに、個人情報の提供を求められます。

　負うリスクよりも、得られるメリットが高いと顧客が評価すればするほど、顧客は製品・サービスを提供する側に、リスクを払うことを厭わないわけです。ということは、顧客がより高いメリットを求めている場合には、それに応じたリスクを払ってくれるわけですから、ビジネスの安定と拡大につながります。

　メリットが低いのに高いリスクを求めても、顧客はリスクを負おうとしませんし、メリットが高いのに低いリスクを設定してしまうと、製品・サービスを提供する側は損失を被ることになります。

　したがって、提供するメリットとリスクのバランスが取れて、初めて顧客との価値の交換が成立するということを認識しておく必要があります。

　顧客にとってメリットとなる価値の差は、「顧客が期待していることの価値

（期待価値）－顧客が現在認識していることの価値（現在価値）」もしくは「顧客が現在認識していることの価値（現在価値）—不安視していること（不安価値）」という引き算になります。

その差が大きければ、それだけ顧客にとってメリット（付加価値）がある製品・サービスになり、小さければ、顧客にとってあまりメリット（付加価値）のない製品サービスになります。

より大きなメリットは顧客にとって強いニーズとなり、リスクを負ってでも手に入れたいと思うのが常でしょう。

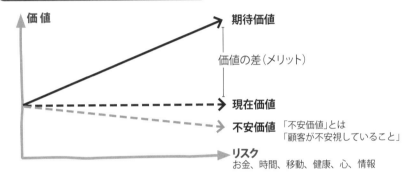

顧客が得る価値と負うリスクの関係

価値

期待価値

価値の差（メリット）

現在価値

不安価値　「不安価値」とは「顧客が不安視していること」

リスク
お金、時間、移動、健康、心、情報

期待価値と現在価値（現在価値と不安価値）の基準点を設定する

繰り返しになりますが「顧客が現在認識していることの価値」となる現在価値と、「顧客が期待していることの価値」となる期待価値の差に留意する必要があります。もしくは、現在価値と「顧客が将来不安に思っていることの価値」となる不安価値の差です。あまりにも差が開きすぎていると、顧客にとってイメージの沸かないものになりますし、逆に差がなさ過ぎると、価値が感じられないものになります。

例えば、「売上が1%伸びる」というレベルだとメリットは少なく感じ、「売上が10%伸びる」というレベルだと明らかにメリットが大きくなります。ただし、メリットが増える分、顧客のリスクが増えることになりますから、顧

客がどの程度のリスクを支払えるのかを検討する必要があるわけです。

　この作業は難しくもあり、一番の醍醐味でもあります。調整次第で、その後のビジネスに大きく影響します。

　したがって、顧客がどの程度の差であれば認識できて、リスクを負う気になってくれるのかを明らかにすることが重要になるわけですが、顧客自身が求めている価値を把握していないことが多いので、そうした際は意図的に基準点を設定するようにします。

　顧客に提供する価値を曖昧にせず、意図的に設計すれば、顧客は製品・サービスから得られるメリットをはっきり認識するようになり、その購入に必要なリスクと比較しながら決断してくれるはずです。

　一方、得られるメリットがはっきりしないと、顧客は購入していいものかどうか迷ってしまい、よく耳にする「前向きに検討します」「また今度」というような言葉が返ってきてしまうことになります。

　こうした曖昧な状態は、ただ時間を浪費するだけですから、顧客が製品・サービスを購入する意志があるかどうかをはっきりさせるために、顧客が得られるメリットを明確に提示する必要があります。

　例えば、パーソナルなジムサービスを提供しているライザップのCMように、BeforeとAfterの差をはっきり示すことができれば、理想的でしょう。

　期待価値と現在価値の基準点を設定するにあたっては次の点に留意しておくことが大切です。

> ・顧客に提供する製品・サービスの目標を定めているか？
> ・現状に比べて無茶な目標を設定していないか？
> ・あまりにも小さすぎる差になってはいないか？
> ・現在価値は顧客の現状分析から導き出されたものか？
> ・期待価値はこちらの思い込みによる基準点になっていないか？

　現在価値の基準点を決めるには、前述の現状分析が役に立つはずです。先ほど決めた変化の尺度に基づき、顧客が置かれている「今、ここ」の状況で、顧客がどのように現状を認識しているのか、認識に基づいてどのように

行動しているのかが明らかになれば、顧客の現在価値は設定できるはずです。ライザップの例でいうと「太ってお腹が出ている状態」というのが顧客の現在価値になります。

　一方で、製品・サービスをどこまで提供すれば、顧客は満足するのか、期待価値について定めようとしても、顧客自身、期待していることがわからないことも多いため、それを顧客から引き出して設定する必要がでてきます。

　例えば、「美しくなりたい」と思っていても、どの程度美しくなれたら満足するか本人が理解していない、というようなケースが、これに当てはまりますが、こうしたケースでも、顧客は気づいていないだけで、実は答えを知っていたりするので、「何を期待しているのか」、対話を重ねながら顧客に尋ねるようにします。

　ライザップの例で言うと、「もう一度20代のような筋肉質なボディになる」というのが提供する期待価値となります。

　期待価値を聞き出す際は、少なくとも思い込みによる尋ね方や「ねばならない」「でなければいけない」といったような答えの押し付けにならないように気を付ける必要があります。

　対話を重ねれば、顧客の本音が垣間見えてきますので、じっくり時間をかけて顧客の心に寄り添うようにします。

顧客が自力で解決できない課題を発見する

課題とは

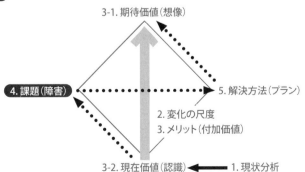

Chapter3で問題と課題の違いについて説明しましたが、ここまでの流れを踏まえて再度詳述します。

　「課題」とは、顧客の現在の状態と、顧客が理想とする状態の間にある、つまり、これまで何度も述べてきた「現在価値」と「期待価値」の間にある壁のようなものです。

　そして、顧客が自力でその壁を乗り越えられれば、そこに課題はないことになりますが、多くの場合、顧客は自力で壁を越えることができません。

　例えば、日本において蛇口をひねればいつでも美味しい水を飲むことができるので、水の調達については何の壁もなく、特に何もしないでも当たり前のように水を飲むことができます。

　ところが、水道水が汚染されていて、近くの河川もゴミだらけという状態であれば、水の調達に大きな課題があるわけで、自力ではどうにもならず、誰かに何らかの手段を講じてもらわないと、安心して飲める水は手に入らないことになります。

　課題はその人が置かれている状況によって異なるので、顧客と向き合って、どのような課題を抱えているのか見つける必要があります。

　課題は、起きてしまった様々な弊害や不都合な出来事の中で、特に解決しなければならない問題のことを指し、美味しくはないけれどガマンすれば飲める水ということであれば、その問題は課題になりにくく、飲んだら危険ということであれば、その問題は解決すべき課題となります。

　現状分析で顧客に多くの問題が発生しているとしても、そのすべてが解決すべき課題となるわけではありません。すべての問題を解決しようとすると、数多くの解決策を用意する必要が出てくるからです。問題だと思えても解決の必要がないケースもあり得るわけで、解決すべき課題を明確にすることが肝要です。

　この重要な点が定まらなければ、ビジネスの世界ではコンセプトがはっきりしない製品・サービスを提供してしまうことになりかねません。

　顧客の課題の明確化は、先述した「マインド」「スキル」「リソース」「身体」、これらの変化を考慮しながら、次の3ステップで進めるようにします。

1. 問題の深掘り
2. 障壁（壁）の明確化
3. 課題を再確認

1. 問題の深掘り

　顧客の課題を明確にするためには、どのような経緯（プロセス）で問題が起きているのかを深掘りする必要があります。現状見えている問題は氷山の一角でしかなく、その下には表面化した問題につながる多くの原因が隠れているかもしれません。

　それらを、次のような視点で深掘りしていくうちに、問題の原因も見えてくるはずです。

・いつから、その問題は起きているのか（時間への視点）

「どのタイミングで問題は発生したのか？」「恒常的に問題は起きているのか？」「突発的に問題は発生して既に終息したのか、それとも終息に向かっているのか？」など、起きている問題の時間的な経過について明らかにします。

・誰との関係で（人間関係への視点）

「問題は特定の人との間で起きているのか？　それとも不特定多数なのか？」「本人だけに起きているのか？」など、どのような人間が問題にかかわっているのかを明らかにします。

・どのような場所で（場所への視点）

「問題が起きる場所は特定できているのか？　それとも多くの場所で起きているのか？」など、問題がどのような場所で起きているのかを明らかにします。

- **どのような立場で（立場への視点）**

「問題は顧客が何かの立場を担っている時に起きているのか？　そうした立場に関係なく起きているのか？」「顧客だけが問題だと思っているのか？　他の人たちはどう思っているのか？」など、立場の違いによって問題が起きているのか否かを明らかにします。

- **何が発生したのか（問題発生への視点）**

「何がどのようにして問題が発生したのか？」など、収集したデータからその原因を明らかにします。

- **どのような考えで（価値観への視点）**

「問題は特定の考え方を持っている人に起きているのか？　それとも考え方に関係なく起きているのか？」など、人の価値観や思想が問題発生の要因になっているか否かを明らかにします。

- **どこまで（問題の許容範囲への視点）**

「問題の許容範囲はどこまでなのか？」など、どこまで問題を認識し、その解決にどのようにあたるのかを明らかにします。

- **問題の影響範囲（影響への視点）**

「連鎖して問題は起きていないか？」「問題の影響範囲はどこまでなのか？」など、その影響範囲を明らかにします。

2. 障壁（壁）の明確化

既に述べたとおり、課題とは顧客が自力で乗り越えられない壁のことです。顧客が自分で解決できない壁を見つけることができれば、顧客の課題は自ずと浮かび上がってくるはずです。

壁を見つけるためには、物理的な障壁（ディフェンス）と心理的な障壁（ストッパー）の2つの観点がポイントになります。

特に心理的な障壁は目に見えないため、多くの場合、気づきにくいポ

イントですが、これに気づくことができれば、他社よりも優れた製品・サービスの提供が可能になるので、顧客の心理をどこまで読めるかが重要なカギになります。

壁を見つけるためには、2つの観点がポイント

観察すればわかる
「物理的障壁」

相手の心に触れられればわかる
「心理的障壁」

五感で観察すればわかる物理的な障壁

　物理的な障壁とは、観察すればわかる壁のことで、先述した飲み水の話で言えば、自分が住んでいる地域で利用されている水が安全な水であるか否かというような、物理的な観点から比較的に判断しやすい事柄です。つまり、水質がいいのか悪いのか、安全に供給されているのか、といったことは、観察すればわかることなので、物理的な障壁を見つけるためには、次のような対立する視点で、単純に○か×か、チェックしていくといいでしょう。

・ある、ない
・多い、少ない
・持っている、持っていない
・起きている、起きていない
・上手くいっている、上手くいっていない

さらには、障壁を見つけるためのポイントとして、いわゆる五感（見る、聞く、匂う、味わう、触れる）を、意識して拠り所にするのがいいでしょう。

「負の感情」を感じ取らないとわからない人の心理的な障壁

心理的な障壁は心の中に横たわっている壁のようなものです。「わかっているけれどできない、やりたくない」というようなことで、「勉強しなければテストに合格できない」とわかっていても、勉強しなかったり、「部屋を掃除しなければ、汚くて足の踏み場もなくなる」とわかっていても、掃除しなかったりなど、誰にでも起こりがちなことです。

こうした心理的な障壁は、周りから見れば「何でできないの？」と思うかもしれませんが、周囲からいくら指摘されても本人にとっては、どうしても乗り越えられない壁があります。

例えば、現在、数多くのダイエット食品が出回っている理由は、ダイエットに対する心理的な障壁を持つ人たちが多いからで、ダイエットするためには、食事制限をして運動をすればいいということは知っているはずです。しかし、「好きなものはついつい食べてしまうし、運動は面倒くさくてやりたくないし」という心理的な障壁があるから、自分では解決できなくなり、ダイエット食品で何とかできないかと安易に考えてしまいます。

この心理的な障壁を上手くとらえたのが先ほどもご紹介したアップルの音楽プレイヤー iPod です。iPod が取り払った心理的な障壁は、聴きたいときに備えて、あらかじめ音楽プレイヤーに選曲した曲をコピーしなくてはならないという面倒でした。

他の音楽プレイヤーのメーカーからすれば、「iPod が解決した課題は、顧客自身がデータの入れ替えをすればできるので、それほど大きな課題ではなかったはず」と主張したいところだったかもしれませんが、顧客は自分でやればできるとわかっていても、それを行うのが面倒だったわけです。

フリマアプリとしてその地位を確立しているメルカリも、顧客の心理

的な障壁を取り払ったサービスの1つです。メルカリがスタートする以前から、ヤフオク！を初めとしたネットオークションサイトがいくつも存在していました。それらのサイトを使い、家にある不用品を処分することができましたが、出品するときの価格設定が出品者にとって悩みの種の1つでした。

　自由に価格設定できるとはいえ、安くは売りたくないし、高くして売れないのも困る、という出品時の価格設定が顧客にとっての心理的障壁の1つとなっていました。

　頻繁にオークションサイトを使うユーザーであれば課題になっていないことが、ほとんど出品したことがないユーザーにとっては、非常にハードルが高い障壁となっていたのです。

　その課題に対してメルカリは、商品を登録すると売れやすい価格を提案するなどの解決方法を提供しました。今では商品についているバーコードなどを読み取ると、自動的に出品にあたって参考となる情報を表示させる機能なども搭載しています。

　そのおかげで、今までインターネットをほとんど使ったことがない高齢者でも使うようなアプリになったのです。

　このように、ある顧客にとって課題になっていないことが別の顧客にとって課題になっていたりするので、それぞれの顧客が抱えている心理的な障壁に注目することが求められます。

　多くの人が活用しているLINEも、iPodと同様に顧客の心理的な障壁を上手く解決したサービスです。

　メッセージアプリは、無料で気軽に話せたりメッセージを送受信できたりするので非常に便利です。ところが、それまでにサービスをしていたSkypeなどのメッセージアプリは、自分も相手もそのアプリを使っていてID（アドレス）を持っていなければならないので、双方共に連絡先となるIDをアプリにいちいち登録する必要がありました。

　これが非常に面倒で、せっかくアプリをダウンロードしても、IDを交換した相手としか使われないことが、ごく普通に起きていました。

　しかし、LINEは一度アプリをスマートフォンにインストールすると、

スマートフォンに登録されている個人の電話番号を自動的に読み込んでアドレス帳を作成してくれます。その結果、まだLINEのIDを持っていない相手だとしても、電話帳に登録されていれば招待できるようになり、お互い簡単に利用し合えるようになりました。つまり、LINEは利用する際に「IDをいちいち登録しなくてはならない」という壁（心理的な障壁）を取り除くことに成功したわけです。

　心理的な障壁は数値化することが難しく、見ることができない難しさがあります。また、顧客にその理由について尋ねたとしても、答えてくれないケースがほとんどでしょう。

　物理的な障壁は確認しやすいので、周囲の人たちは気づくことができますが、心理的な障壁はとても繊細なので、これに気づく人はそう多くはありません。しかし、顧客に起きている心理的な障壁に気づくことが、ユニークな製品・サービスの提供につながります。

　そのポイントを見出すためには、前述したヒアリングについての「負の感情」に着目するようにします。「負の感情」には心理的な障壁につながる本音が潜んでいる可能性があります。

　iPodの話で言えば、私にも「出かける前に音楽のデータ転送に時間が取られてイライラする」というような「負の感情」がありました。

　顧客は、自分にとってストレスになっていることの問題解決を諦めてしまっているケースが少なからずあります。少なくともヒアリングしない限り、ストレスになっていることを把握することはできません。さらに、顧客の気持ちを感じ取る力がないと、その心理的な障壁に気づくことはできません。したがって、ヒアリングの際は顧客の「負の感情」を感じ取る能力が求められます。

3. 課題を再確認

　顧客の障壁が明らかになり、顧客が抱える課題がわかってきたところで、果たしてその課題は、顧客にとって本当の課題なのかをチェックします。なぜならば、「見出した課題がヒアリングした側の単なる思い込みによるものではないか」あるいは、「顧客が本当に解決して欲しいと思っ

ているものなのか」を確認する必要があるからです。

　ヒアリングした側が顧客の課題だと思っていても、顧客がそれを課題だと認識してくれず、あまり重要視しないことがあります。そうした時に「これがあなたの課題ですよ。ですから〇〇のようにしましょう」と説明しても、顧客からすると、そこまでする必要があるのかなどと思ってしまうことがあります。こういった場合は、顧客への啓蒙活動が必要になり、そのための教育にコストがかかります。

　一方、顧客にとって新たな発見となり、共感が得られる課題を顧客に気づかせてあげることができれば、顧客にとって大きな驚きであると同時に、顧客に提供できた製品・サービスは大ヒットする可能性があります。

　例えば、ダイエットに取り組んでもあまり上手くいっていない顧客に対して、「あなたの課題はご自身をコントロールできないことです」と提言すれば、「そんなことはわかっています！」と逆ギレされてしまうかもしれません。

　しかし、「応援してくれる人が身近にいないと、すぐやる気がなくなりませんか？」というような新たな気づきを顧客に与えることができると、製品・サービスに対して興味が沸くのが顧客の心情です。

　顧客に先行せず、顧客にとって課題なのかどうか、次の4つの評価ポイントから留意して見出すようにします。

▶ 顧客が自力で解決できるかどうか（ニーズがあるかないか）

　起きた問題を顧客が自力で簡単に解決できてしまうようであれば、当然、それは課題になりませんし、リスクを負って、誰かに解決してもらう必要もありません。一方、問題を自力で解決できない場合は、誰かの助けが必要になります。

　中には、一生懸命取り組んで、自力で解決できてしまうケースもありますが、そうした場合は、当時者本人が課題解決にどの程度、労力を払うことになるかがポイントになります。大変であればあるほど、課題となりやすいですし、そうでなければ自分で解決してしまう方向に流れやすいからです。

▶顧客が課題を認識できているかどうか（解決時のインパクが大きいか小さいか）

　既に述べたとおり、顧客自身、本当の課題を認識できているかと言えば、認識できていないケースがほとんどで、身近な話ではありますが、私の父親がその端的な例でした。父親は買ったばかりのコードレス掃除機について、吸引力が落ちるので全く使えないと嘆いていました。それはサイクロン式の紙パックを必要としない日本メーカーの機種でした。私は安い商品だったので駄目かと思いながら、その掃除機を確認したところ、ゴミをため込み過ぎていたせいで、詰まっていました。父親はゴミの収納部分が不透明だったので、ゴミが詰まっていることに気づかなかったわけです。この場合、「ゴミがどれだけ詰まっているか一目でわからない」という点が課題になり、これが解決されれば、ゴミ詰まりによる吸引力低下という問題がなくなります。

　他のメーカーのものを調べてみると、イギリスのDysonやアメリカのSharkなどのサイクロン式掃除機もゴミの収納部分は透明でした。

　父親は、充電式であることが課題だと思い込んでいたので、結局、コード式で紙パック方式の掃除機をその後購入したというのが、この話のオチです。

　このように顧客自身、起きていることが理解できていないため、課題そのものにも気づいていないことがあるわけで、また、顧客が問題を明確に理解できていない場合には、潜在的な課題となる可能性もあります。

　そうした場合、競争他社も気づいていない可能性が高いので、自社オリジナルの着眼点となり、顧客へのインパクトを与える製品・サービスの提供につながります。

▶顧客が課題を本当に解決したいかどうか（重要度があるかどうか）

　客観的に見て、この課題を解決すれば、一気に状況が変わることがわかっているようなケースでも、顧客にとってそれは解決して欲しい課題ではないことがあります。

　例えば、私がコンサルティングをしている組織開発の事例として目

にしたのが、離職率が非常に高く、採用コストが高くなっているケース
で、社内の状況を観察してみると、経営者と社員、社員同士の関係性の
悪化が離職率に大きく影響していました。

　ところが経営者は、離職率は社員のモチベーションの低さに要因があ
るとして、経営者と社員の関係性悪化の課題から目を背けていました。
むしろ社員のやる気を起こさせるほうが重要なので、そのための研修を
やって欲しいという依頼で終わってしまいました。

　こうしたケースにおいて、無理に私のほうで「課題として関係性悪化
を解決しましょう」と提案しても、煙たがられるだけです。

　課題があるからといって、顧客はすべて解決したいわけではありま
せん。課題を解決することのほうが面倒だと思ってしまうこともありま
す。提示された課題に対して顧客がどこまで重要だと思うかどうかが、
解決すべき課題かどうかの分かれ目になります。

顧客が課題を解決できそうだと信じられるかどうか（関心があるかどうか）

　あまりにも課題が大き過ぎて、最初から解決するのは無理だと諦めた
り、課題そのものに無関心を装ってしまうケースがあります。

　例えば、「太っているのは問題だ」と自覚していても、自ら「どうせ痩
せられない」と決め付けて、課題の解決に前向きに取り組む姿勢が見ら
れない場合は、いくら痩せられるアクションを提示しても、解決策には
限界があります。また、「見て見ぬ振りをする」など、無関心も課題解決
につながらない"負の要素"で、その端的な例が国政選挙の際の投票率
の低さでしょう。「どうせ自分が1票投じたところで、政治は何も変わら
ない」と諦めてしまっているわけです。

　したがって、課題が大きければいいというわけではなく、解決したい
課題だと関心を持ってくれることのほうが重要になります。

　こうした意味で、先に紹介したパーソナルなトレーニングサービスを
提供しているライザップは、トレーニング前とトレーニング後の成果を
比較して示すことによって、「自分でもできるかもしれない」と顧客に思
わせることに成功した好例と言えるでしょう。

顧客に合った解決方法を見つける
（顧客レンズと技術レンズの焦点を合わせる）

顧客の抱えている課題が明らかになったら、その課題を解決する方法を考え、どのような製品・サービスを提供するかを決めていきます。ここで参考になるのが、エリック・リースが提唱している「リーン・スタートアップ」です。「リーン・スタートアップ」とは、コストをかけずに試作品を短期間で作り、顧客の反応を見ながら、製品・サービスを開発していくマネジメント手法です。Chapter4-5では、より具体的に解説します。

プロトタイピングの基本サイクル

日本で2012年に出版されたエリック・リース著『リーン・スタートアップ』（日経BP、2012年）は大きな反響を呼び、ベストセラーになりましたので、既に読まれた方も多くおられると思います。

「リーン・スタートアップ」とは、コストをかけずに試作品を短期間で作り、顧客の反応を見ながら、製品・サービスを開発していくマネジメント手法です。

プロトタイプを作り、実際に試してみて、発案したアイデアが顧客のニーズに合っているかどうかをチェックするプロトタイピングの作業はシンプルであるものの、具体的にどのようにすればいいのかわからない、という意見もあるようです。

仮説立案から製品化までのプロセスは次のとおりです。

新規事業において、まず1回でプロトタイピングの基本サイクルを抜け出すことはありません。何回もの試行錯誤を重ねながら、徐々に正解を見つけていくような作業になります。そのため、資金と時間があるうちにできるだけ基本サイクルを回すことが求められます。

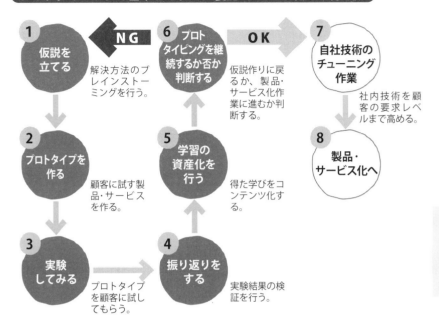

プロトタイピングの基本サイクルと製品・サービス化への分岐点

1 仮説を立てる
解決方法のブレインストーミングを行う。

NG

6 プロトタイピングを継続するか否か判断する
仮説作りに戻るか、製品・サービス化作業に進むか判断する。

OK

7 自社技術のチューニング作業
社内技術を顧客の要求レベルまで高める。

2 プロトタイプを作る
顧客に試す製品・サービスを作る。

5 学習の資産化を行う
得た学びをコンテンツ化する。

8 製品・サービス化へ

3 実験してみる
プロトタイプを顧客に試してもらう。

4 振り返りをする
実験結果の検証を行う。

　これまで顧客レンズ作りをしてきたのに対し、ここで行うのは技術レンズ作りとなります。社内新規事業と起業した場合の一番の違いは、プロトタイピング後に行う技術のチューニング作業です。

　社内新規事業ではなく、起業家として新規事業を立ち上げるのであれば、技術資産などが社内にはありませんので、一から技術開発をすることになります。

　一方、社内で新規事業を立ち上げようとする場合は、既に社内にある資産を活かすことも求められるので、自社が所有している技術とのチューニング（すり合わせ）作業が必要になります。また、そのためには、顧客レンズに合わせて技術レンズのチューニング作業を行い、スタートアップレンズを完成させるようにします。

　これにともなって、自社が保有していた技術を活用する場合には、かつてそうした技術に携わっていた人材が、再び活躍する機会を得られることにもなります。

顧客の課題を解決するためのブレインストーミング

　顧客の課題が明らかになったら、その課題を解決するためにブレインストーミングから始めますが、Chapter4-2の冒頭で説明したとおり、ブレインストーミングを行う際は、批判をせずに自由に意見を出し合うようにします。

　ブレインストーミングの段階では、顧客ニーズに合った製品・サービスがわからない状態ですので、あくまでも仮説作りとなります。

　社内で新規事業を立ち上げようとする場合、ブレインストーミングの場でよく耳にするのが、「まず自社の強みを分析して、そこから新規事業の種を見つけ出そう」という意見です。

　しかし、私はこうした場合、自社の技術の分析から入らずに、顧客の課題を見出すことから始めるようにアドバイスしています。というのも、自社の技術について分析しようとすると、それだけでアイデアが自社の技術に制限されてしまい、提出された新しいアイデアを次のように潰すことがあるからです。

> 「そのアイデアはウチでは無理だと思います」
> 「ウチにはアイデア実現のためのリソースがありません」
> 「技術的に大変そうなので、時間的に難しそうです」
> 「理想は捨てて現実的に考えましょう」
> 「自分たちだけでは実現するのは難しいです」

　このように、アイデアへの駄目出しばかりが目立つようになり、心理学の用語でいう「ディスカウント」という言葉になりますが、せっかく提出されたアイデアの価値を下げてしまい、自分たちで潰してしまうのは実にもったいない話です。「やっぱり無理ですよね」という意見に流されて、素晴らしいアイデアが消えてしまうのを目の当たりにすると、支援する側としては非常

に歯がゆく感じます。

　新規事業を立ち上げる際に最も重視すべきは、顧客がリスクを負ってでも製品・サービスを利用したいと思っているかどうかで、製品・サービスを提供する側の事情は、顧客に全く関わりのないことです。

　したがって、自社の技術を理由に、提供する製品・サービスを変更するのは極力避けるべきで、新規事業に足りない技術は、後述する「オープンイノベーション（他社との提携）」で何とかなると考えたほうが賢明です。

　顧客の課題を解決するためのブレインストーミングでは、次の要点を踏まえて自由に意見を出し合うようにします。

> ・課題を解決するために、とにかく多くのプランを考える
> ・どのような方法であれば、顧客が喜ぶのかを想像してみる
> ・顧客が満足するラインをどこに設定していたか、顧客の期待価値を思い出す
> ・顧客が「今、ここ」で求めていることと向き合う（意見を押しつけないように配慮しながら）
> ・自分たちが得たいことから絶対に逃げない（自分の感情を押し殺すような姿勢ではモチベーションが続かない）

顧客の体験に基づいてアイデアを抽出する

　ブレインストーミングで提出されたアイデアの中から、どのアイデアをプロトタイプにするのか選択することになりますが、その際の判断基準は、機能的な優位性などよりも、顧客体験に基づくようにします。

　ここで、Chapter1-2でご紹介したパイロットのフリクションボールについて付記しておきたいことがあります。

　実は、消せるボールペンは世界初ではありませんでした。それ以前にも、アメリカのメーカーや日本のメーカーでも消せるボールペンを出しており、

パイロット自身も「D-ink（ディーインキ）」という消せるボールペンを2001年に発売していました。しかし、いずれもフリクションボールのようなヒット商品にはなりませんでした。

その理由は、顧客の「キレイに簡単に消せる」という要求を満たすものではなかったからです。

それまでに発売されていたボールペンは、紙にインクを染み込まないようにして、紙の表面に止まっているインクを消すなどの方式だったため、消す力がある程度必要で、時間が経過すると消せなくなるなどの問題が残っていました。しかし、サッとこすって消せるフリクションボールは、従来の製品とは全く異なる体験を顧客にもたらしてくれました。

顧客の体験が類似している場合は、価格競争になってしまう可能性があるので、できるだけレッドオーシャン（皆が血みどろの戦いをしている市場）を避けるためにも、機能よりも、顧客の体験に基づいて出てきたアイデアを重要視することが大切です。以下にそのためのチェックリストを列挙しましたので、参考にしてみてください。

新規事業を立ち上げる際にありがちなのが、思いついたアイデアに酔って

☐ **他でまだやっていない方法か？**
同じような体験が他でできるのであれば、自社であえてやる意味がない。

☐ **顧客が今まで体験したことがない方法か？**
顧客にとって新たな体験として映るかどうかが、イノベーティブかどうかを分ける境目になる。

☐ **利用方法は難し過ぎないか？**
従来なかった製品・サービスであっても、利用方法がわかりづらいと顧客はリスクを取ろうとしない。

☐ **その方法は顧客が取れるリスクの許容範囲か？**
どんなに素晴らしい製品・サービスでも、支払うコストが高すぎると顧客は躊躇してしまう。

☐ **それは顧客の感情に訴える方法か？**
理屈ではなく、心をつかむことができた顧客が、損得抜きでリスクを取ってくれる。

しまい、顧客にそれがどのように映るのかを考慮しないことです。

　私自身、YouTubeがスタートする2年前にデジタルコンテンツのダウンロード販売ビジネスをスタートさせて痛い目に合った経験があります。

　当時、顧客が求めていたのはコンテンツを「データ」として所有することではなく、CD-ROMやDVDなどの「モノ」として所有することでした。家電量販店のソフトウェア売り場は盛況で、多くのアプリケーションやコンテンツは「モノ」として販売されていたのです。

　現在は、家電量販店でソフトウェアの売り場を探すほうが大変です。また、今では当たり前になっていることが、当時の顧客にとっては早過ぎてしまい、私が思いついたビジネスは、全く受け入れられない解決方法だったわけです。

　このように、いくら画期的なアイデアであっても、顧客の先を行き過ぎた解決方法は、顧客に受け入れられないことを肝に銘じておく必要があります。

プロトタイプを作り、実験してみる

　顧客の課題を解決するためのアイデアが抽出できたら、実際にプロトタイプの制作にかかりますが、顧客に対して次の3つのプレゼン方法があります。

❶ イメージを見せる
❷ 直接触れてもらう
❸ 体験会を開く

❶ イメージを見せる

　思いついたアイデアを静止画、もしくは動画にして顧客に見てもらう方法です。製品やサービスのイメージをイラストにして紙芝居にするだけでも、十分にアイデアを伝えることができます。動画であれば実際に製品・サービスを利用している様子をプロモーションビデオ風に見せてもいいかもしれません。

私は以前、「スタートアップウィークエンド」という金曜日から日曜日までの54時間でプロトタイプを作り上げるイベントに参加したことがあります。しかし、あるアプリのアイデアを思いついたものの、期限時間内でプロトタイプを作る余裕がなかったので、このソフトウェアの利用シーンをイメージビデオにしたところ、審査員から評価されて優勝することができました。

　これは、利用シーンを見せるだけでも、製品やサービスのイメージを伝えることができるという一例で、以下にプロトタイプの例を列挙しておきます。

☐紙芝居 ☐イラスト ☐マンガ ☐写真 ☐パワーポイントのスライド ☐動画 ☐製品やサービスについて解説したサイト……など

　また、良質なプレゼンテーションの映像を参考にしたいということであれば、アメリカのクラウドファンディングサービスのキックスターターがお薦めです。このサイト（https://www.kickstarter.com/）には、商品からサービスまで、まだ正式発売前のものが多数プレゼンされています。

　クラウドファンディングは事業に対して賛同してくれる人からお金を募る仕組みになっており、動画と事業に対する思いを語るだけで、中には20億円以上もの資金を調達したケースもあります。

　ここでは、あらゆる事業アイデアのデモを見ることが可能なので、アイデアのプロトタイプについてどう見せるか悩んでいる場合には、こうしたサイトを参考にするのも1つの手でしょう。

❷直接触れてもらう

　顧客の反応をよく知りたいのであれば、実際に触ることができるプロトタイプの「モックアップ（模型）」を顧客にプレゼンするのが一番です。

　製造業界では昔から製品化する前に、実物に近いモックアップを粘

土・木などを用いて、実物大のものや縮小版を作っており、近年では特に3Dプリンターがもの作りの世界に大きな革命をもたらしています。

　メーカーのモックアップは凝ったものであれば、数千万円の費用をかけることもありますが、現在はパソコンさえあれば、3Dプリンターで簡単に複雑なものでも作ることが可能になりました。

　一方、インターネットサービスやアプリなどを手掛ける業界では、一般的にデモアプリが作られており、あまりデザインなどにこだわらずに、最低限の機能だけを盛り込むようにしています。

　例えば、本来は入力操作によって画面表示が変わるようにすべきところを、特定の画面のみを表示するようにして、データベースなどの複雑なシステムを構築せずに、できるだけ時間とコストをかけない方法でデモアプリを作っています。

顧客に実際に体感してもらうためのプロトタイプ例
・モックアップ（3Dプリンター）
・デモアプリ
・デモサイト

　実際に体感できるプロトタイプのモックアップを作っても、顧客が思ったような使い方をしてくれず、想定していなかった反応が返ってくることがしばしば起こります。そうした際は、その様子をよく観察して、プレゼンしたものが、顧客が本当に求めているものなのかどうかをチェックするようにします。

❸ 体験会を開く

　提供しようとしているものがサービスで、リアルに提供するようなものであれば、できるだけ多くの人を集めてプロトタイプのイベントやセミナーを開くのが一番です。プロトタイプを体験できる機会をもうければ、様々な顧客の反応を見ることができます。

　しかし、体験会が盛り上がるのは結構だとしても、プロトタイプに対

する顧客の反応がわからなくなってしまうことがあり得るので、あらかじめアンケート方法などを工夫して、終了後に確実に顧客の反応が収集できるようにしておくといいでしょう。

　私の場合は、メインサービスにしているコンサルティングや研修に先立って、顧客の本当のニーズを知るためのチューニング作業として、試験的なセミナーを何回か行うようにしています。

顧客の体験会のプロトタイプ例
　・旅行体験会
　・試食会
　・セミナー
　・ワークショップ
　・お試しコンサルティング

　こうした体験会によって顧客の反応がわかるのはいいことなのですが、例えば無料の試供品や格安のサービスを提供されれば、それだけで顧客は満足してしまい、本来の価格を支払ってまで製品・サービスを求めないというケースもあり得ます。

　このあたりを見極めないと、実際に製品・サービスを提供する段階になって、ほとんど購入者がいなかったということになりかねません。

プロトタイプのチェックシートを作成する

　どの方法でどのようにプロトタイプを実験するのかが決まったら、チェックシートを作成します。チェックシートを準備する目的は、プロトタイプの制作工程の管理に役立てると共に、あとで結果を振り返り、反省点を見出すためです。

　プロトタイピングを実施しても成果が得られない大きな理由として、何を検証したいのか明確にしないまま、漫然とプロトタイプを作ってしまうことが上げられます。

プロトタイピングの最終目的である資産化のためには、しっかりとした
チェックシートを必ず準備しておく必要があります。次に、チェックシート
を作成する際に勘案すべき項目を列記しておきますので、参考にしてくださ
い。

・プロトタイプの狙い（制作目的）

・プロトタイプによって顧客からどのような反応を得たい
　のか

・成功指標の設定（目標数値など）

・アイデアを転換する場合の判断基準（数値、状況判断の
　材料など）

・プロトタイプのイメージ（仕様、スペック）

・プロトタイプの実現方法（作成手段）
　　時間（作成時間）
　　費用（予算）
　　必要技術（設計、デザイン、プログラミングなど）
　　材料（サーバー、ＰＣ、紙、粘度、カメラなど）

・プロトタイプのプレゼン方法
　　インターネット（ホームページ、ソーシャルメディア、クラウ
　　ドファンディング、動画サイト、ブログ、メールなど）
　　紙媒体（ＤＭ、チラシなど）
　　イベント（体験会、セミナー、ワークショップ）
　　インタビュー（路上、対面取材、電話、スカイプ）

・顧客の反応の収集法（アンケート、ヒアリングなど）

プロトタイプ制作のポイントは「開発しない」こと

『リーン・スタートアップ』の著者エリック・リースは、顧客のニーズをつかむ製品作りのためには、「MVP（Minimum Viable Product）」が大事だと説明しています。MVPとは「顧客に価値を最小限提供できる製品のことで、不完全であっても顧客の反応が得られればいい」という考えです。

　この考え方は多くのビジネスマンに衝撃を与えました。それまでは完全な製品を作らなければ顧客のニーズをつかめないとしていたところ、不完全な製品を提供したとしても、あとで改善していけばいいという考えだったからです。

　現在、インターネットによるサービス事業などでは、この考え方は当たり前とされています。例えば、世界中で多くの人に利用されているグーグルのメールサービス「Gmail」は2004年から5年間、正式版ではなくβ版として提供されていました。

　また、世界最大の本の流通システムを作ったアマゾンも、最初は本の在庫システムなどを持たずに、インターネット上で注文された本を本屋から購入して、顧客に発送するという状態でした。

　MVP開発が理解されるようになるにつれて、とりあえず顧客に製品を提供してみて、その反応を見ながら開発を進めるという意味合いから、プロトタイプをMVP開発としてとらえられることが多くなりました。

　しかし、プロトタイプは顧客からの反応を得ることが最重要課題なので、開発する必要はなく、むしろ「開発しない」ことが初期の段階では重要になります。

　プロトタイプを制作する際に、技術者は「ようやく出番がきた」と、最初から「開発」にのめり込んでしまいがちで、まだプロトタイプの段階なのに資金調達を考えてしまうケースも多々あります。

　いくら最小限の価値を提供する製品といっても、開発するとなれば、当然、時間とお金がかかることになるので、そうしたリスクはできる限り軽減しなければなりません。

プロトタイプを制作する際は次の点に留意する必要があります。

- ・作り込み過ぎないように気を付ける
- ・リスクを減らすために行っていることを忘れない
- ・「開発しない」ことを優先して作るようにする

　先に紹介したデザイン思考の提唱者であるIDEOのトム・ケリーは、講演で「プロトタイプの目的は作品を仕上げることではなく、イエスと言ってもらって次のステップに行けるようにすること。そのために、どうやったら一番早く、安くできるかを常に考えましょう」と述べています（Biz Zine IDEO　トム・ケリー氏が語る「創造力に対する自信」https://bizzine.jp/article/detail/551?p=1）。

　実際、IDEOのスタッフはセサミストリートのスマホアプリを開発する時に、クライアントの反応を得るためのプロトタイプとして、人間の顔がすっぽり入る拡大サイズのiPhone型の段ボールの型枠を作りました。そして、画面内のキャラクターに見立てた人間がアプリでの動作を実演し、どのようなアプリになるのか、そのイメージをクライアントに伝えたのです。

　あまりにもシンプルな動画で拍子抜けするかもしれませんが、実際の動画が「Prototyping for Elmo's Monster Maker iPhone App.」（2020年12月時点）と検索をすれば「IDEO U」のサイトやYouTubeで視聴できるので、ご興味がある方はご覧ください。

　また、国際送金サービスを提供しているトランスファーワイズが、国際送金に対するニーズの度合いを確認するために行ったのは、送金する側の国とそれを受ける側の国、それぞれの国に銀行口座を設け、一方の国の口座へ振込（着金）が確認できたら、手動で為替計算をし、もう一方の国で指定された口座にスタッフがお金を振り込むというものでした。実際に海を渡ってお金が動いたのではなく、ただ単に2つの国で別々にお金を動かして擬似的に海外送金を体験できるようにしただけでした。

　これを開発するとなると、システムを最小限に止めるにしても、為替レー

トと連動した計算システム、銀行口座との紐付け方法など、それなりのシステムを用意しておかなくてはなりません（「国際送金　銀行の既得権崩す　手数料を割安に」日本経済新聞、2020年6月2日、電子版https://r.nikkei.com/article/DGXMZO5968198028052020TL3000）。

　プロトタイプといっても完成品に近いものを用意するわけですから、顧客からいい反応を得ようとして、ついつい完璧なものを作りたくなるかもしれませんが、要は一気に完璧にする必要はないということです。

　とはいえ、顧客からいい反応を得たら、もちろん、それを参考にプロトタイプの精度を徐々に上げていき、完成品へと近づけていく必要はあります。その際は、いきなりフルパワーで取り組まずに、顧客の反応を見ながら開発にエネルギーを注いでいくことがポイントになります。

学習の資産化

　プロトタイピングの終盤に行うのは、実際にプロトタイプを顧客に試してみて、その反応を観察し、コンテンツ化する作業です。最後に、プロセスを振り返り、得た学びを資産化します。

　当初考えたアイデアが、顧客の課題を解決する方法として最適であることがわかれば、次の製品化の段階に進みますが、上手くいかない場合はプロトタイピングを繰り返すようにします。

　プロトタイピングで一番大事になるのが、得た学びを資産化する作業です。資産化さえしておけば、例えプロトタイピングの結果が悪かったとしても次につなげることができます。失敗から学び、"知の資産化"をどこまでできるかが、新規事業を立ち上げられるかどうかの境目になります。

　プロトタイピングでよくあるケースは、結果だけを見てプロセスを振り返らずに、すぐに次の案に進もうとすることです。
「何か改善すればいいだろう」と考え始めたり、「結果が悪かったのは、アイデアの素晴らしさを顧客が理解できなかったからだ」などと、顧客のせいにしたりしがちですが、大切なことはプロセスを振り返ることです。そうしないと、次々にアイデアを試すことだけに終始してしまい、プロトタイピング

を通して得た学びが蓄積されず次のステップに結び付きません。

資産化までの具体的プロセス

　先ほどの紹介した185頁の図「プロトタイピングの基本サイクルと製品・サービス化への分岐点」の振り返りから、製品・サービス化判断までの流れをより詳しく分解したのが、下記の「資産化までの流れ」となります。

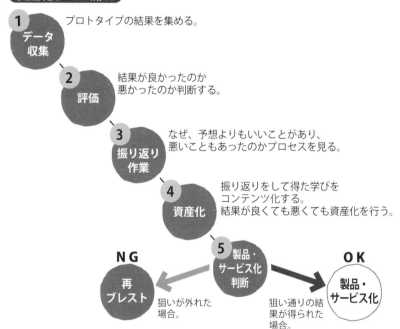

1. データ収集

　プロトタイピングをインターネットで行うにしろ、リアルで行うにしろ、どこかで顧客に触れてもらいます。そうすることによって、顧客から様々なデータが得られるはずです。

定量的データ例

・フェイスブック「いいね！」数
・口コミ投稿数
・メールアドレス登録者数
・プレ購入者数
・プレセミナー参加者数
・資金調達額（クラウドファンディング）
・仮申込者数
・ホームページ閲覧者数
・フォロワー数
・ダウンロード数
・実使用者数
・使用時間数
　他、アンケートなどで得られる数字など。

インタビューで得られる定性的なデータ

　プロトタイピングを顧客に試してみて、顧客の表情や動作から得られたことをデータとして残しておくようにします。

> ・顧客の行動変化
> ・顧客の心理的変化

2. 評価

　収集したデータが事前に立てた仮説と比較してどうだったのか、結果に対しての客観的な評価を行います。

> ・事前目標に到達したかどうか
> ・望むべき成果を得られたかどうか
> ・顧客満足度はどうだったのか

3. 振り返り作業

データを見ながら、得られた学びを整理していきます。

- 予想通りの結果になったことは何か
- 予想とは違う結果になったことは何か
    - □予想以上に上手くいったこと
    - □予想よりも上手くいかなかったこと
- 何が原因で、予想と違う結果になったのか
- 予想よりも上手くいったのは、何が影響したのか
- 得られた結果に対して自分たちはどう感じたのか
- 今まで気づかなかった新しい発見は何か
- 新たに気づいた顧客の問題点、課題は何か
- 次のプロトタイプに向けてどのような改善が可能か

4. 資産化（コンテンツ化）

得られた学びを文章化してコンテンツとして残すようにしますが、一番やってはいけないのが会議で話し合いだけをして、議事録も残さずに次に進めてしまうことです。これでは本当に振り返りをしたことにはなりません。

振り返り作業の要点は、後々失敗の原因をたどり、同じ失敗を繰り返さないように、何が駄目だったのかわかるようにしておくことです。

ここで大事になるのは、誰々のせいで上手くいかなかったなどと考えるのではなくて、なぜ上手くいかなかったのか、そのプロセスをチェックすることです。振り返りが上手くいかない原因のほとんどは、個人攻撃に問題をすり替えてしまうことです。要は人ではなく、何が起きたのかをチェックすることが重要です。

コンテンツ化の作業は面倒で文章に起こすのは大変かもしれませんが、ここをきちんと行っておけば、確実に"知の共有化"を図ることができて、他の社員が新規事業に取り組む際の参考にもなり、社内新規事業のレベルもアップしていきます。

コンテンツ化のポイント

> ・会議のやり取りだけで終わらせない（振り返ったつもりにならない）
> ・他の人が見てもわかるようにする（社内で共有できるようにする）
> ・得た学びを検索できるようにする（企業の資産となるように）

5. 製品・サービス化判断

　一通りの流れを終えて、十分に満足できる結果になったと判断したのであれば、プロトタイピングの作業を終えて製品・サービス開発に着手することを判断します。

　テック系企業では、完璧な状態でなくてもβ版のままサービス提供をし、走りながらサービス化を目指すことがあります。そういった時でも現時点でサービスを提供してもいいのか判断します。なぜなら、中途半端な状態でサービス提供した結果、炎上してしまうと後々のサービス開発が難しくなるからです。

ピボットを怖がらない

　ピボットとは、スタートアップ用語で事業転換のことを意味します。

　元々はバスケットボールでパスを出す時に片方の足を固定して、一方の足を動かすピボットの動作からネーミングされました。

　思いついたアイデアがそのまま上手く進展していけばいいのですが、新規事業はなかなか上手くいかないことの連続です。

　予想外のことが起きた時には、最初のアイデアに固執せずに柔軟にアイデアの転換を図るようにします。その際はピボットという言葉が意味しているとおり、軸足を動かさないことが大切で、全く違うアイデアにシフトするのではなく、新しい解決方法を見出すようにします。

　ベースとなるプロトタイピングが上手くいかない理由の1つは、次々にアイデアを試すうちに、何を検証しているのか途中でわからなくなってしまうことです。そのようにしているうちにモチベーションが維持できなくなり、

やがて新規事業へのエネルギーが失われてしまいかねません。

　解決すべき課題を見失わなければ、「下手な鉄砲も数撃ちゃ当たる」という方式ではなく、次のアイデアを試みることができます。したがって、1つ前のステップで作った顧客レンズを、プロトタイピングを行っている際に忘れないことが大切になります。なぜなら、得られた成果よりも、そこから学び得たことが先々につながるからです。

自社技術とのチューニング作業

　チューニング作業とは、顧客に焦点を絞るように、技術レンズを前後に動かして顧客ニーズに合うよう、ピントを調節することです。この調節作業が終わり、技術レンズと顧客レンズを通して、顧客にピントを上手く合わせた状態がスタートアップレンズとなります。

技術レンズチューニング作業イメージ図

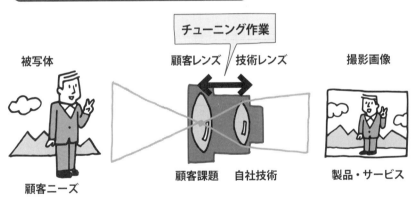

被写体　　　顧客レンズ　技術レンズ　　撮影画像

チューニング作業

顧客ニーズ　　顧客課題　自社技術　　製品・サービス

技術レンズを調整しながら、スタートアップレンズを完成させる！

　解決方法が決まったら、今度は顧客に提供できるように製品化することになりますが、そのプロセスにおいて技術レンズのチューニング作業が必要になります。

　ダイソンはごく初期の段階で詰まりやすい紙パック方式の掃除機を改善す

るために、サイクロン式という解決方法を見出しました。ところが、製品化に至るまでに、何と5,127台の試作機を作っています。

　ここまで極端な例はまれであるものの、解決方法が見つかればそこで終わりということではなく、さらに製品化への道がスタートします。

　パイロットのフリクションボールの場合は、こすると熱によって透明になるインクが顧客の課題を解決できそうだということはわかっていました。しかし、そのままそのインクをボールペンに詰めれば製品化できたかというと、そういうわけにはいきませんでした。

　フリクションボール用のインクは元々印刷用だったので、ペン用にするためには、「インクの改良」という課題を何としてでもクリアする必要がありました。

　元々の温度設定が0度〜40度の範囲だったため、40度以上になると消えてしまい、0度以下になると消したはずの文字がまた現れてしまうという問題が残っていました。そこで、マイナス20度〜65度にまで温度変化の幅を広げ、問題を解決したのです。

　技術先行で進めてしまう失敗の原因として、このようなチューニング作業の苦労話が広く知られることにより、「技術改良をしていけば、いつかヒット製品を出せるのではないか」と勘違いしてしまうことが挙げられます。

　顧客の課題も解決方法もわからないまま、ただひたすら技術開発を進めてしまうのは、いつか当たると思って宝くじを買う行為に似ています。なぜこの技術開発が製品化に必要となるのか、その理由がわかった上で技術開発に取り組むことが大切です。

　チューニング作業をする際は、右記の3つに分類し、必要な技術を精査していくようにします。

　最近はオープンイノベーションという考え方に基づいて、他社との連携によってイノベーションを起こそうという動きが活発になっています。ただし、オープンイノベーションありきで、他社と連携すれば新製品が出るのではないかととらえているケースが非常に多い気がします。

　オープンイノベーションはあくまでも手段なので、自社開発が困難な時や、コストがかかりそうな時に、初めて考えるべきでしょう。

① 今ある技術でそのまま使えるもの（レンズを動かさない）

今ある技術がそのまま使えるのであれば、一番コストがかからない方法です。この場合は技術レンズを動かさずにそのまま使い回しができます。

② 今ある技術を応用することで解決できそうなもの（レンズを前後に動かす）

今ある技術をベースに調整することができれば、技術レンズを前後に動かす作業になります。例えば、自社で服を作っていた技術をマスク作成に応用できるようなケースがこれにあたります。

③ 新たな技術開発が必要なもの（新たなレンズが必要）

自社技術では対応できず、全く新たな技術が必要な場合には新たなレンズを作る必要があり、ハードルが高くなります。容易に入手できそうな技術であればいいのですが、技術開発に相当な時間がかかるようであれば、この段階で選択した解決方法を諦めて、別の方法への転換を検討するようにします。

なぜならば、オープンイノベーションという考え方だけで先行してしまうと、顧客の課題も見えないうちに技術開発に走るという、わかりやすい失敗に陥りやすいからです。いずれにせよ、チューニング作業を行う際は、他社との連携が必要な時にオープンイノベーションを検討することが肝要です。

そして最後にチェックすべきは、顧客にピントが合っているかどうかです。顧客のニーズ、顧客の課題、自社の技術、自社が提供しようとしている解決方法（製品）が問題の解決に向かって一直線上に並んでいるかをチェックするようにします。

技術者魂を優先してしまうと、顧客体験に関係のないところで、自分の力を発揮しようとして細かいところにエネルギーを使おうとしがちなので、注意する必要があります。

アイデアを先に進めるべきかどうか チェックする方法（シフターモデル）

シェイクスピアの代表作『ハムレット』に「生きるべきか死ぬべきか、それが問題だ」という有名な台詞があります。新規事業の現場にこの話を当てはめると、「思いついたアイデアを生かし続けるべきかやめるべきか、それが問題だ」ということになるでしょうか。

Chapter4-6では、「粘り続けるべきか、撤退すべきか」と悩んだ時に何をもって判断をしたらいいのか、シフターモデルというフレームワークを通してそのヒントをお伝えします。

粘り続けるか撤退すべきか

　新規事業を立ち上げようとすると、嫌になるくらい予想外のことが起きて心が折れかかります。例えば、資金不足に陥ったり、ライバル企業が先に特許を押さえていたり、社会情勢が急激に変化したり、中心になっていた開発メンバーが辞めてしまうなど、新規事業の前には数々の問題が起こり続けます。

　簡単に乗り越えられればいいのですが、リスクの高い問題が起きた時には、「あともう少し粘れば成功するのではないか」「ここで撤退したほうが傷が浅いのではないか」と悩み続け、新規事業を先に進めるべきかどうか、判断に迷うことになります。

　判断に迷う理由は、新規事業を続けて成功した場合と、撤退したほうが良かった場合の両方の例があるからで、正解がわからなくなってしまいます。

　ユーグレナを創業した出雲社長の場合、前述したように、どの企業もミドリムシに見向きもしなかったにもかかわらず、伊藤忠商事が契約してくれるまでに500社近くの企業へ営業で伺ったそうです。ケンタッキーフライドチキンの創業者カーネル・サンダースが自分のレシピを売り込もうとして1,000回近く断られた、というのもよく知られている話です。

　一方、東芝が原発事業からの撤退を遅らせたことで、会社が傾くほど大きな損失を被ったことも、まだ記憶に残っている話でしょう。

　粘り強く続けた事例の中には、会計的な視点から見れば明らかに撤退したほうがいいのに、成功した事例が結構あります。

ユーグレナは数年間売上がほとんど伸びず、社員に給料をまともに払えない状態だったそうです。掃除機メーカーのダイソンは、15年以上も製品化できず、特許紛争にも巻き込まれ、破産寸前の状況に陥ったことがありました。

　では、こうした状況を乗り越えて、なぜ成功できたのかというと、Chapter2でも説明したとおり、いずれも数値で表すことができない「情熱」がカギとなっています。

　リクルートで「ゼクシィ」を立ち上げた渡瀬さんの場合は、社内のプレゼンで結婚情報サービスを提案した際、同じタイミングで他にも同様の企画を提出した人が複数いたそうです。

　しかし、そのすべての企画を会社は事業性がないと判断し却下してしまいました。それでも渡瀬さんだけは諦めることなく、粘り強くプレゼンを続けた結果、見事、新規事業を立ち上げることに成功しました。

　こういった事例があるからこそ、上手くいきそうには思えない時に続けるべきかどうか悩むわけです。また、そうした際は会社側としても新たなプロジェクトに投資し続けるべきかどうか、悩むところです。

判断に迷った時に使う「シフターモデル」

　先に進むべきかどうかすぐに判断できず、悩みそうな時に使うのが「シフターモデル」という、ゲシュタルト療法をベースに私が作ったフレームワークです。

　ゲシュタルト療法は心理療法の1つで、決断できず葛藤に陥ってしまった方に、アドバイスをせずに気づきを与えます。スタック（前にも後ろにも進まなくなる現象）してしまった状態から抜け出すためのヒントが数多くあります。

　このフレームワークを使うと、思い込みではなく、本気で取り組みたいアイデアだけを見出すことができます。それが実感できたら前に進めばいいですし、実はそれほど情熱を持っていなかったことに気づいた場合には、早めにアイデアを変えたほうがいいでしょう。

　シフターモデルを使うメリットは、納得した形で前に進むか、撤退すべき

か判断できることです。納得できていないとズルズルと続けてしまったり、撤退したとしても元のアイデアに固執して次の段階に進めなくなったり、切り換えが遅くなったりします。

　仮説と検証のサイクルを早くするためにも、自分が取り組んでいるアイデアにどこまで本気で取り組みたいと思っているのか、明らかにすることが重要です。

意思決定に影響を与える3つの領域

　シフターモデルは「創発」「外発」「内発」という3つの領域から成り立っています。「創発」は考える領域。「外発」は自分の外で起きていることを認識する領域。「内発」は自分の中で起きていることに気づく領域です。

創発、外発、内発

創発

アイデアを組み立て判断する（思考）
・アイデアを出す
・アイデアを整理する
・アイデアをアウトプットする
・アイデアを評価する

内発

外発

自分の中で起きていること（身体感覚）
・体に起きたセンセーション
・感情的な動き
・衝動的に気づいたこと、感じていること

現実世界に触れる（五感）
・自分の周りで起きていることを認識する
・いつ、どこで、誰が、何を、なぜ、
　どのように、起きているのか
・状況のデータを集める

▶ アイデアを思いつき、整理してまとめる「創発」

　「創発」とは思考領域です。頭をフル回転させ、アイデアを思いついたり、戦略を練ったり、事業企画を考えたりします。脳科学でいうと前頭葉をフル回転させる状態ということになります。

創発の基本的な役割は、得たデータを分析、判断し、行動につなげるところにあります。ということは悩み続け、答えを出せない状況は創発が機能していない、つまり「考えているつもり」という状態を指します。

　頭の中では整理できていたつもりでも、いざ語りかけてみると全く人に伝わらない経験をしたことが、多くの人にあると思います。そうした時は、実は創発は機能しておらず、「わかったつもり」になっている状態です。

　創発は、物事を冷静に分析すると共に、自分がどのようにすればいいのか、その適切な方向性を示してくれます。

▶ 現実世界で起きていることに触れる「外発」

「外発」とは視覚、聴覚、嗅覚、味覚、触覚、そのすべてを使い、自分の外で起きていることのデータを集め、五感を使って「今、ここ」で何が起きているのか認識する領域です。

　外発の役割は、自分の頭の中から飛び出して、現実世界で起きているできごとにコンタクト（触れる）することです。

　身の回りでいうと、家庭、仕事場、遊び場、街角など、自分が直接触れられる範囲で起きている出来事です。自分から質問して得た情報、他人から言われたことなど、間接的に得られる情報も自分が直接聞いていれば外発の範疇に入ります。

　コンタクトするということは、発生している事実に気づき、それを受け入れて、認識するということです。

　例えば、昨日、今日と出会った人をすべて覚えている人はいません。街角、電車の中で多くの人と出会っているはずですが、すべて人の顔を覚えているというのはあり得ない話です。つまり、目を開けて見ていたはずなのに、ほとんどの人は多くのことにコンタクトしていないのです。

　外発は積極的に対象に対して意識を向けないと機能しません。見ているつもり、聞いているつもり、ということはよくあるので、自分が触れているかどうかを意識するようにします。

▶ 自分の体の中で起きていることに触れる「内発」

「内発」とは自分の身体感覚です。心臓がドキドキしたり、体が熱くなったり、涙が出てきたり、鳥肌が立ったり、震えたり、胃が痛くなったり、というように常に体には変化が起きています。

内発の役割は、自分の体の中で起きているこうした変化を認識し、自分の感情や素直な気持ちに気づくことです。

内発には、「ゾワゾワ、あたたかい、ホッとする」など、何となく感じる感覚から、「心臓がドキドキする、涙を流す、呼吸が激しい」というように明らかに身体の変化をともなう感覚、さらには「悔しいー！」「ビックリ！」「オー！」といった激しい情動まで、様々な感覚があります。どのような感覚であっても、その変化に気づくことが大切です。

取り組むべきビジネスアイデアを判断するための「3つの関門」

シフターモデルのフレームワークによって、進むべきか撤退すべきかを判断するためには、創発、外発、内発のサイクルを回し続けることがカギになります。それぞれの間には関門があり、関門を通過できるかどうかが、取り組むべき事業のアイデアを判断するポイントになります。

シフターモデルの3つの関門

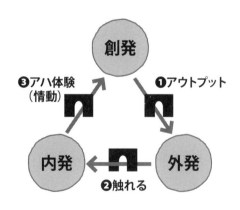

関門❶「アウトプット」
アイデアを文章化できるかどうか
アイデアを文章化できないということは、他人に伝えることができないということ。イメージ倒れに終わってしまう可能性がある。

関門❷「触れる」
顧客に触れられるかどうか（コンタクト）
思っていた顧客と会えなかったり、顧客がこちらが想定していた問題を抱えていなかったということは、アイデアが脳内妄想であった可能性が高い。

関門❸「アハ体験」
心揺さぶられる情動がおきたかどうか
顧客と接してみて、自分の心が動かされないアイデアは他人の心を動かすことも困難。

関門1 **アウトプット**

創発から外発に向かう時に横たわる関門は、アウトプットです。

アウトプットとは自分の頭の中で考えていることを言葉や文章、ビジュアル化されたイメージなど、他人が認識できる状態にするということです。それはA4用紙1枚の事業企画書でもいいですし、簡単な図解でも構いません。

フレッシュネスバーガーを創業した栗原幹雄さんは、ハンバーガーショップのイメージが沸いた時に、その日のうちに店舗の外観スケッチや店舗のロゴのイラストまですべて書き上げてしまったといいます。

アメリカのサウスウエスト航空は、事業のアイデアをレストランの紙ナプキンに図解したところからスタートしています。

このように、単に思いついただけに止めず、思いついたことをアウトプットすることが重要で、そうすることによってアイデアは初めて人が見たり、触れられるものになります。

自分の頭の中でビジネスのアイデアが描けるなら、わざわざアウトプットする必要はないと思われるかもしれません。

しかし、頭の中ではイメージできていても、いざ言葉に出したり、文章化しようとしても上手くいかないことがあります。つまり、頭の中で考えていたり描いていることを、他人は見ることができないので、それを他人に伝えられるようにしなくてはならないのです。

「今までにないビジネスアイデアを思いついたのです」とおっしゃる方に、私が「思いついたアイデアを文章化してみてください」というと、書けないというケースが、これまで多々ありました。そして、そうした方たちは、自分の中ではわかっていたつもりでも、そうではなかったことに初めて気づきます。

アイデアを思いついた時は、それを実際にアウトプットできるかどうか、自分でまずチェックすることが大切です。

関門2 コンタクト（触れる）

　外発から内発の間の関門はコンタクトです。

　既にChapter4-3で書いたとおり、新規事業の場合は意外に多いのが、思いついたアイデアのターゲットとする顧客に出会えないことです。「頭の中では顧客のイメージができていても、実際にヒアリングを試みようとすると出会えないのですが、どうしたらいいでしょうか?」と相談されることがよくあります。こうした段階で、顧客に出会えないということは、実際に製品を作っても、それを顧客に販売できる可能性は低いわけで、こうした場合は撤退のサインと言えるでしょう。

　また、顧客にヒアリングできたとしても、その本当の気持ちに触れていないことがありますが、聞いているつもり、見ているつもりでも、しっかり意識を顧客に向けていなければ、顧客に何が起きているのかを知ることはできません。

　そうすると、せっかくヒアリングをしたのに、顧客の声を無視することになり、結局、頭の中で作られたアイデアによって、新規事業を立ち上げることになってしまうので、顧客に起きていることに、積極的に意識を向けられるかどうかが問われます。

　顧客にコンタクトできるかどうかわからない時は、頭の中で描いていたことからいったん離れ、現実の世界で今何が起きているのか、それをしっかり認識することにエネルギーを使うようにします。

　自分のアイデアへの思い入れが強くなってしまうと、どうしてもそこから離れられなくなってしまい、このアイデアは「絶対に上手くいく!」と思い込むようになります。

　大切なことは、アイデアそのものではなく、そのアイデアを現実が受け入れてくれるかどうかです。いくら自分が「良い」と思っていても、周りが「良くない」というアイデアは、結局、独りよがりに終わり、世間に受け入れられないことになります。

　自分が考えた製品は、顧客に買ってもらわなければ意味がありません。顧客に「購入したい」と思ってもらうためには、顧客に何が起きているのか知ることが重要になります。

関門3 アハ体験（情動）

内発から創発の間の関門は「アハ体験」です。

アハ体験とは、ドイツの心理学用語で、日本では脳科学者の茂木健一郎氏が唱えていたのでご存知の方も多いと思います。

体の中でポジティブな変化が起きた時に、「ああ、そうだったんだ！」「なるほど！」「わかった！」といったように突然、今までモヤモヤしていたものが晴れて、突然答えが見つかるような瞬間、アハ体験が起きます。

アハ体験は、古代ギリシアの科学者アルキメデスが入浴時に、金の真贋を見分ける方法を発見した時に、裸で「eureka！（見つけた！）」と叫んだのが起源と言われていて、それ故にアハ体験は、英語では「eureka effect」あるいは「aha! Moment」と表現されています。

従来にない、新しい価値を提供する新規事業に取り組んで成功した起業家の方たちにインタビューしてみると、ほとんどの方がこのアハ体験を何らかの形で体験されています。

フレッシュネスバーガーを創業した栗原幹雄さんは、ある古民家を見た時に、突然稲妻に打たれたような気がして、その家がアメリカのハンバーガーショップのように見えたそうです。体が震えるようなアハ体験をすると、それを人に伝えるためにはどのようにしたらいいのかを考えようとして、創発につながっていきます。

したがって、こうした体験があるかどうかが、新規事業に取り組む上で非常に重要なポイントになります。アハ体験が起きると、激しい情動に駆られるため、「自分がやりたい事はこれだ！」と気づくことができます。

内発から沸き起こるアハ体験が判断基準のカギに

Chapter2-4でも書いたとおり、新規事業において自分の「情熱」が他人から「共感」を得られるかが、新規事業の成否を分けることは既にお伝えしました。

自分のアイデアへの共感が生まれると、無償で手伝ってくれる人が大勢現れて、プロジェクトをプッシュしてくれるからです。

　共感とは、文字通り「共に感じる」ことなので、自分が何も感じていなければ、他人に何かを感じてもらうことはできません。

　つまり、内発をともなうアハ体験がないビジネスアイデアは、頭で考えたビジネスアイデアに止まり、他人からの共感を得づらくなります。顧客の共感を得られる製品作りのためには、自分が感じていることを素直に伝えるようにしなければならないということです。

　私はクライアントに、ヒアリングだったり、プロトタイプの作成だったり、状況に応じていろいろと宿題を出しています。

　その際、必ず「やってみて何を感じましたか？」と尋ねるようにしていますが、何を感じたかは人それぞれで、「とてもワクワクしてきて楽しくなってきました」「何だか疲れてしまって、やる気がなくなりました」など、様々な答えが返ってきます。

　感情が何も沸き起こらなかったり、ストレスフルな感情に左右された時には、必ずといっていいほど途中で挫折してしまいます。

　興味深いのは、自分にとっては嫌な感情が沸き起こっているにもかかわらず、続けようとする人が多いことです。「苦労しなければいけない」「努力しなければいけない」と自分を励ましている人ほど、こうした状態に陥ります。

　大人になるにつれて、「人前では大人しくしなさい」「嫌でも勉強しないといい大学に入れませんよ」などと、感情を抑えて思考を優先するように身近な人から教わります。

　しかし、頭でいくら「頑張らなければ」と思っていても、嫌なことは長続きしません。ごくまれに、自分の感情を封じ込めることができる人がいますが、そうした特殊な人を除いて、ほとんどの人は途中でやる気を失ってしまいます。また、一時的に自分をごまかして成功することがあっても、身体は拒否反応を示し、最終的に破綻してしまうケースも多いと言えます。

　一方、思いついたアイデアに対して、本当にワクワクした感情が沸き上がる時は、周りから「無理だ」「絶対に失敗する」と言われても、何としてもや

り遂げようという気持ちが沸いてきます。そして、それによる粘りが結果として プロジェクトを成功に導くことになります。

　内発をチェックすることによって、他の人に真似されないビジネスアイデアに結び付けることができます。なぜなら、創発のみから生まれたアイデアは、他の人も同様の情報に触れる可能性があり、真似されやすいからです。

　感情が強く揺さぶられるような経験に基づいたアイデアは、他社との差別化につながります。

　アイデアを進めるべきかどうか悩んだ時には、自分の感情に素直にコンタクトするようにしましょう。

新規事業
立ち上げマニュアル

Chapter5は、Chapter4までに学んできた知識をベースにして、実際に新規事業を立ち上げるためのステップとアクションについてお教えします。さらにChapter5-4では、15のレベルに分けて新規事業の立ち上げ方のプロセスについて解説します。

どこから手をつけたらいいか迷う新規事業の立ち上げ

新規事業の立ち上げについて段階的に説明するのを難しくしている理由は、多種多様な成功事例があるからだと言えます。新規事業の立ち上げはケースバイケースで進み方がそれぞれ異なるため、簡単にパターン化できず、マニュアル化することが困難です。Chapter5-1ではどのようなパターンがあるのか、いくつかの事例を挙げながら説明します。

アイデアが先なのか、課題が先なのか

新規事業の立ち上げに際しては、やるべきことがたくさんあるので、どこから手をつけたらいいのか、と悩む方が多いかもしれません。

新規事業の立ち上げ方に関する書籍には、大体「まず顧客の問題を見つけなさい」と書かれていて、立ち上げ方がロジカルに説明されています。

一方、実際には、アイデア先行型で成功したり、ビジネスモデルが先行しているケースをよく見かけたりしますが、新規事業ならではの醍醐味は、簡単にパターン化できないところで、だからこそ"イノベーションが生まれる"というのが私の持論です。

新規事業にどこから手をつけるかは、事業を立ち上げる人の性格によってパターンが変わってきます。

「アイデアを思いつくのが好きな方」「分析好き」「夢想家」「技術へのこだわりが強い方」など、どういう性格で、どういう考え方を持っているのか、事業を立ち上げようとするリーダーはどういった傾向があるのかによって、新規事業のパターンも変わってきます。さらに、立ち上げようとしている方が感情優位か、思考優位かというのは大きな影響を与えます。

「課題から入りなさい」と言われても、アイデア先行の方は「アイデア出しからスタートしたい」と思うはずです。無理に課題からスタートしようとすると新規事業の立ち上げが辛くなってしまい、なかなか前に進まなくなります。

自分がどのパターンを好んでいるのか理解することは、新規事業を立ち上げる上で、何を次にしたらいいのか理解する上でのヒントになります。

どのようなパターンがあるか知っておくことにより、自分のやりやすい方法で新規事業を立ち上げることができます。

アイデア先行型のパターン

　アイデア先行型は、突然取り組みたいビジネスのアイデアを思いつくというパターンです。本人には天恵を得たような感覚があるはずです。恐らく読者の方々の中にも「突然何かを思いつく」という経験を持っている方がおられると思います。

　アイデア先行型は私が支援をしていて一番よくあるパターンであり、それだけに失敗例も一番多く発生します。なぜなら、アイデアを裏づけする根拠が乏しいからです。

　アイデア先行型の中でも成功しているケースの特徴は、何かの体験を通してその場で思いつくケースが多いようです。つまり、何かボーっとしている時よりも、体験が引き金となってその場でアイデアを思いつくようなケースです。

　アイデア先行型はアイデア倒れで終わることが多いので、アイデアの検証作業が非常に重要になります。

事 例

スターバックス

　創業者のハワード・シュルツはイタリアのカフェを訪れたとき、お店の雰囲気とその時に飲んだカフェラテの美味しさに感動し、突然アメリカでコーヒーショップを展開することを思いつきました。

フレッシュネスバーガー

　創業者の栗原幹雄さんは、渋谷区のある古民家を見て、ハンバーガー屋を開くことを突然思いつきました。

顧客課題先行型のパターン

　顧客課題先行型は、顧客の課題を発見し、そこから新規事業を立ち上げていくというパターンです。このパターンは新規事業を起こす上で堅実で、最近の新規事業の教科書では大体このパターンが紹介されています。

　顧客の課題が明確になっていれば、潜在的な商品ニーズを理解した上で取り組めるので、ロジカルに新規事業を立ち上げていくことができます。

　顧客の課題は、顧客としての経験、もしくは顧客と同じような経験をしていないと気づきません。少なくとも社内の会議室のみで完結しないパターンとなります

事 例

ダイソンの掃除機

　創業者のダイソンは、自身が紙パック式掃除機を使っている時に、紙パックが一杯になる前に吸引力がすぐに下がってしまう問題に気づき、紙パック交換の面倒を解消し、吸引力が簡単に下がらない掃除機を開発しようと決意しました。

Airbnb

　創業者の2人は、借りていた部屋の家賃を払えず、空いていたスペースに他人を泊まらせたことをきっかけに、民泊サービスをスタートさせることにしました。

　ただそこで課題になったのが、見ず知らずの他人は危険ではないかという人々の先入観でした。マッチングサービスを作っても、先入観が取り除かれない限り、民泊サービスの利用者は現れません。部屋を貸すほうも、借りるほうも安心して利用できる仕組みを考えたことが、Airbnbに大きな成長をもたらしました。

ビジネスモデル型のパターン

　お金を儲ける仕組みを先に思いつき、そこから事業を組み立てるというパターンです。既にある製品・サービスであれ、新規の製品・サービスであれ、今までと違う仕組みでお金が回る仕組みを考え、そこから事業を構築していきます。

　2000年代にビジネスモデルの特許取得が流行し、このパターンでの新規事業立ち上げを試みるケースが多く見られました。

　ビジネスモデルの特許とは、ソフトウェアやインターネットの仕組みを利用した特許です。それまでリアルで行っていたものをオンラインに置き換えることによって、新たな稼ぎ方を見つけようという動きです。

　これ以外にも下記で紹介しているサウスウエスト航空に代表されるように、既存ビジネスのゲームチェンジャーにおいて、ビジネスモデル型のパターンはよく見受けられます。

　ビジネスモデル型の弱点は、事業のコピーが簡単なことです。他社も参入するようになると、あっという間に過当競争に陥ります。それだけに、勝ち抜くための資本力がカギになることが多いです。

事 例

アマゾン

　アマゾンの成功のきっかけはリアル店舗での販売が中心だった書店から、インターネット販売に特化したビジネスモデルを思いついたことでした。

　同社は、書籍以外の物販も取り扱うようになり、オンラインのショッピングモールを中小企業に提供し、またデータのクラウドサービス、動画配信サービスなど、新しいビジネスモデルを常に構築し続けてきました。

サウスウエスト航空

　サウスウエスト航空は、格安航空LCCサービスの祖ともいえる航空会社で、従来の航空会社のビジネスモデルを大きく変えた企業です。

同社は、常識だった機内サービスを廃止するなど、徹底的なコストカットを図り、他社が収益を上げられなかった路線に新規路線を開設して、成長を続け、新規参入が難しいと思われるような業界でも、ビジネスモデルを変えればイノベーションが起こせることを証明しました。

ビジョン型のパターン

　先々のライフスタイル、社会のイメージを見据えた上で、取り組むべき事業を思いつくというパターンです。世間からカリスマ経営者と言われるような方がいる企業で多く見られます。このパターンを実行するには、ほとんどの人が思いつかないような世界観を企画者本人が構想できる力を必要とします。

　ビジョン型のパターンは、一番属人的なので、再現性が非常に難しい新規事業とも言えます。

　また、他の人がなかなか理解できないようなビジョンを語る方が、日本の組織に馴染むことはまれです。退社して自分で会社を起こしてしまうケースが多いので、社内新規事業のパターンとしてはあまり見かけません。

事 例

アップル

　スティーブ・ジョブズはiPhoneが誕生するおよそ20年前に、「誰もがコンピューターを持ち歩ける社会を作りたい」というビジョンを持っていたそうです。

　そしてご存知のとおり、思い描いたビジョン通りの社会を作り上げました。

テスラ

　トヨタを時価総額で抜き、電気自動車の世界で注目されたテスラ。創業者のイーロン・マスクは、地球のエネルギー問題に危機意識を持ち、エネルギー問題を解決する必要があると考えています。

　その解決手段として、化石燃料に依存しない電気自動車のビジネスをスタートさせました。最終的には、動力の電気もすべて再生エネルギーでまかなうことを構想しています。

ユーグレナ

　ユーグレナ創業者の出雲充社長は、発展途上国において栄養問題がない世界を作りたいというビジョンを抱き、ミドリムシを使った健康食品を開発し、製品化しました。

　実際に途上国へ行き、現地の食料事情を目の当たりにしたのがきっかけだったと言います。

技術型先行型のパターン

　ある技術が先に開発され、その技術を活かして製品作りをするというパターンです。

　先行した解決方法をあとから顧客の課題に当てはめるこのケースは、日本のメーカーで一番多く見受けられ、出願した特許を活かし、ビジネスをどのように展開するのかという場合には、このパターンになります。

　しかし、顧客の課題が見えていないだけに、事業化までに時間がかかったり、誰が使うのかよくわからないような商品ができて失敗するケースが、多々発生しているので注意しておく必要があります。

　ベンチャー系の企業がこのパターンで事業を起こそうとすると、時間がかかるため、途中で資金枯渇に陥る危険性があります。一方、社内における新規事業の場合は、時間がかかる覚悟で取り組むことができれば、一発逆転の新規事業として成功することも夢ではありません。

　また、既に述べたように、顧客レンズを組み合わせることができれば、新規事業の展開をスピードアップさせることができます。

事例

キヤノン　バブルジェット方式インクジェットプリンター

　液体を急激に熱すると、勢いよく液体が飛び出すインクジェット技術。

　研究所でたまたま注射器を熱したことで発見したこの技術をベースにプリンターを開発したのが同社のバブルジェット方式インクジェットプリンターです。

最終的にはプリンターの小型化にも成功し、オフィスでしか需要がなかったプリンターを、各家庭にももたらすことになり、事業として大成功しました。

パイロット　フリクションボール

　これまで何度も紹介してきた消せるボールペンのフリクションボールは、温度によって色が変化するインクの技術から生まれました。長年温めてきた技術だからこそ生まれた製品と言えます。

0→1、1→10、10→100の違いをしっかり認識しておく

スタートアップの世界では、0→1、1→10、10→100という言葉がよく使われるようになってきました。0というのは、これから新規事業に取りかかろうかという最初の段階、100は事業が軌道に乗って、世間的に成功した事業として認められるようになった段階です。Chapter5-2では、それぞれの違いについて説明します。

事業成長の3つの段階

どの子供も歩き始めるまでには、ハイハイ、つかみ立ち、よちよち歩き、というプロセスを経ます。ハイハイもできない赤ちゃんが走り回ることができないように、0→1の段階が終わっていないのに、100に到達することはありません。

新規事業でも初期のこのレベルをクリアしておかないと、次のレベルに到達することはできません。

この3つの段階を、それぞれ成功させるためには、クリアすべき事柄が違うので求められる能力も異なります。

同じ人が続けてリーダーになるよりも、状況に応じて違う人がリーダーシップを発揮したほうが成功確率は上がります。サッカーに例えればディフェンダーが出したパスをミッドフィルダーがつなぎ、フォワードがゴールする、といったところでしょうか。つまり、それぞれの段階で力を発揮できる人材を選んでチーム作りすることが、新規事業の要点になるわけです。

0→1、1→10、10→100の違いを理解しなければならない理由は、どのタイミングで経営資源を投入すべきかを判断しやすいようにするためです。

例えば、0→1の段階の場合は、上手く事業が成長するかどうかわからないので、この段階での資金投入はリスクが非常に高くなります。しかし、10→100の段階であれば、成功する確率がある程度見えてくるので、リスクが低くなると同時に資金投入の判断がしやすくなります。

社内の新規事業でよくある失敗は、0→1の段階であるのに、多額の資金

を投入し、使い果たしてしまうことです。できればこの段階では投入資金を絞り込み、段階を追って資金を注入していくようにすべきです。

　一方、ベンチャー企業の場合は、最初から資金が潤沢でないことと、投資家には事業の進展ぶりを見る目もあるので、事業が進展していなければ投資家が投資することはほとんどなく、自然に、段階に合わせてリスク分散されることになります。

ゼロイチ、イメージ図

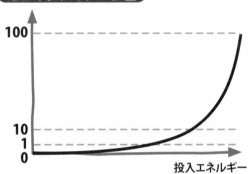

0→1は一番エネルギーが必要で時間もかかり、1→10をクリアできたあとは急速に成長カーブに乗ることができる。

ゼロから事業を立ち上げる0→1の段階

「ゼロイチ」と呼ばれるこの最初の段階は、アイデアを思いつき、事業としての足がかりを作る段階です。

　最初のステップだけに、ここでぐらついていると、あとでいくら資金を投入しても、新規事業として立ち上げることは困難です。

　近年、スタートアップに関して「ゼロイチ」という言葉が使われるようになっているのも、新規事業の初期段階が極めて重要だと認識されるようになってきたからです。

　0→1は商品価値を構築する段階で、商品価値とは提供しようとしている製品・サービスにニーズ（価値）があるということです。

　商品価値がなければ、一時的にマーケティングの力などで売ることができたとしても、すぐに飽きられてしまい、継続的に製品・サービスを売り続け

ることはできません。

　日本では安全な水が水道から得られるにもかかわらず、ミネラルウォーターが販売されています。危険な水しか手に入らない国の人から見ればタダで（実際には水道代がかかりますが）安全な水が使えるのに、わざわざお金を払ってまで水を購入するのは不思議に感じるかもしれません。しかし、より健康になりたいという価値を求めて多くの人がミネラルウォーターを購入しています。

　このように商品価値は、他の人から見たら価値がないように見えても、ある人には変化をもたらし、利益をもたらすことができれば成立します。つまり、商品の良し悪しよりも、顧客が商品に対してどのような価値を感じるのかということが重要なポイントになるわけです。

　さらに、リレーショナルスタートアップでは顧客だけではなく、企画者本人や社会も、商品にどのような価値を求めるかが、問われることになります。

　商品を売ることによって、人々を幸せにしているという満足感を企画者が得られるのであれば、自分自身が商品に対して価値を感じているということになります。

　さらには社会にとってもメリットがあれば、社会的に商品価値があるということになります。

　この段階で求められることは、技術的な追求もさることながら、人の内面にある「したい」「欲しい」という欲求の在り方を追求していくことです。

　また、この段階をクリアするためには、心理学や哲学など、人の内面に関する知識が必要です。人が物事に対してどう感じ、どのような行動を取るのかという点に重きを置かないと、誰も欲しいと思わない商品や自分の情熱が感じられない商品を提供することになってしまいます。

　新規事業を立ち上げようとする際に、マーケティングやビジネスモデルを気にされる方がいますが、そうした知識が必要になるのは、この0→1の段階ではなく、次の段階以降です。

　いくらマーケティングやビジネスモデルについて勉強したとしても、0→1の段階をクリアしなければ、新規事業を立ち上げることはできません。

本書の内容のほとんどが0→1についての解説であるのも、こうした理由によります。

0→1の段階でのポイント

・他者から批判されても揺るがない軸（心）
・人との対話を中心に
・徹底して情熱を傾けられる事業を見出す
・事業に対する思い
・エゴ（自我）の追求

事業としての価値を作る1→10の段階

「イチジュウ」と呼ばれるこの段階は、製品・サービスへのニーズが確かなものか明らかになり、事業として成立できるかどうか見込みを立てていく段階で、情熱とそろばん勘定のバランス作りをしていくプロセスとも言えます。

社内における新規事業の場合、お金を儲けられる目処を立て、会社として投資に値する事業として認められるレベルにまで持っていく必要があります。

1→10は事業価値を構築する段階で、事業価値とは事業そのものに対して継続するだけの価値があり、他社でも同様に価値があるということです。

つまり、価値がある事業は、その事業を切り離して売却でき、企業が破綻したとしても、資金を再投資して事業再生できれば、事業価値があるということになります。

どれほど素晴らしい製品・サービスであっても、あるいは社会的に役に立ち、人々が幸せになる製品・サービスであっても、利益を生むことができなければ事業として継続することはできません。また、事業価値がなければ、いくら会社や社員の強い思いがあったとしても、事業の継続は不可能になります。

惜しまれながら生産が終了してしまう商品は、「商品としての価値はあっても十分な収益を上げる見込みがないため、事業価値がなくなった」ということです。

したがって、顧客獲得のためのマーケティング、ビジネスモデルの追求、コスト管理などを徹底化しておく必要があります。

社内の新規事業の場合、会社にとってメリットのある事業であることを証明できないと、必要とするヒト、モノ、カネなどの経営資源を投資してもらうことができなくなるので、そのためには、どのようにして利益をもたらすか、新規事業の営利性を追求していかなくてはなりません。

先にそろばん勘定について触れたとおり、この1→10の段階をクリアするにはお金に関する知識が必要です。といっても会計の知識を得ればいいということではなく、顧客獲得のために要する費用や市場規模の算出など、投資に対するリターンについて数字を明らかにするということで、机上の空論ではなく、現実的な数字を提出するようにします。

> ### 1→10の段階でのポイント
>
> ・事業の方向性を他者にわかりやすく伝える
> ・事業として成立できる見込みを立てる
> ・思いだけでなく、数値で語る
> ・顧客獲得や収益の目処を明らかにする

新規事業に必要なリソースを投入して拡大させていく10→100の段階

10→100は出来上がった事業を拡大し、競合他社に負けないようにしていく段階です。

儲かりそうな事業だと気づき始めると、他社も一気に参入してくる可能性があります。競合他社に打ち勝つためには、何らかの防御策を講じておく必要があります。

10→100は企業価値を構築する段階です。事業に必要なヒト、モノ、カネをさらに集め、事業推進のための組織作りを行っていきます。また、必要であれば特許申請を行い、他社が簡単に新規参入できないようにします。

　ベンチャー企業の場合、創業社長はこの段階になると、ほとんど人材採用の業務に追われるようになります。

　事業拡大に要する人材が社内に不足していれば、それなりに人材を獲得しなければなりません。メルカリなどは事業の成長時に「人材のブラックホール」と呼ばれ、他社がうらやむほど優秀な人材が集まってくることで知られました。

　社内における新規事業の場合、そのほとんどが、ヒト、モノ、カネのリソースが揃っている状態からスタートしています。また特許が既にあるということも珍しくありません。企業としてのブランド力も定着しているので、人材の獲得についてはベンチャー企業よりも易しいはずです。

　この段階になると新規の事業部門として認められ、組織作りを進めていくようになります。新しい人材によってチームを編成することになるので、簡単にチームが崩壊しないように、KPI（重要業績評価指数）を見ながら組織を成長させていくことが最大のミッションになります。

10→100の段階でのポイント

・人材を採用し、組織作りを行う
・資金調達を図る
・競合する事業を研究する
・競合他社の参入への防御策を講じる

リレーショナルスタートアップを
ベースとした15のレベル

新規事業の立ち上げは、0→1から、1→10、10→100というように段階的に進めていくのが理想です。しかし、必ずしも「ゼロイチ」からスタートするわけではないので、Chapter5-3では、どのようなプロセスを追って新規事業を立ち上げたらいいのか、「人との関係性」をベースに解説します。

関係構築の優先順位

2008年公開の映画「ベンジャミン・バトン　数奇な人生」の主人公は、姿形が80代の老人として生まれ0歳まで若返っていくという、普通の人とは正反対の人生を歩んでいきます。

この映画の話と同様に、新規事業の世界では、実際の成長と逆行するような形で事業の準備が進むことがあります。

本来はどのような製品・サービスを作るのか、という商品価値を検討することから始めるべきなのに、ビジネスモデルという事業価値から考え始めたり、特許取得という企業価値からスタートするケースがあります。つまり、事業の成長段階と実際のスタート段階が、ちぐはぐになってしまうのです。

このちぐはぐさが、新規事業の立ち上げプロセスにおいて次に何をしたらいいのかをわからなくさせ、混乱を引き起こす元になります。その結果、本来通過しなくてはいけないステップを飛ばしてしまい、立ち上げてみたら問題が山積している状態で、新規事業は失敗に終わります。

Chapter2では「人との関係性」を意識しながら事業を立ち上げるリレーショナルスタートアップの考え方について、社会、自分、顧客、ステークホルダーとの関係を作りながら、新規事業を立ち上げていく重要性について説明しました。

新規事業の関係者全員と同時に関係作りができれば、かなりのスピードで事業を立ち上げることは可能でしょう。ただ、同時に何人もの人と会話ができないように、現実的ではありません。あらかじめ、人との関係作りの優先

順位を意識しておく必要があります。

その際の優先順位は、【社会＞自分（チーム）＞顧客＞ステークホルダー（投資家・株主・取引先・上司など）】となり、ポイントは顧客よりも、社会や自分（チーム）との関係作りを優先することです。

新規事業を立ち上げようとすると、どうしても上司との関係作りに懸命になりがちですが、上司はステークホルダーに入りますので、優先順位は一番下位（最後）です。

何故ならば、上司から新規事業の承認を得られたとしても、顧客にとって全く魅力的でない事業であれば、失敗する可能性が高いからです。あるいは、投資家からのウケを狙うあまり、他との関係作りを忘れてしまって、資金調達のあとに事業が行き詰まってしまうこともあり得ます。

そして、なぜ一番初めに社会との関係を築く必要があるかというと、どんなに自分（チーム）が新規事業を成功させたいと思っていても、その思いが社会のニーズとずれていれば、これもまた失敗する可能性が高いからです。

そこで、官公庁や企業の福利厚生業務を代行しているベネフィット・ワンという企業の成功事例を紹介しておきます。

パソナの社内新規事業としてスタートしたベネフィット・ワンは、2019年4月時点では761万人以上が利用するサービスを提供しており、上場も果たしています。

同社は、官公庁や企業が総務などの部門で行っていた従業員向けの福利厚生業務を低減するサービスを提供しており、同社の会員団体・企業の従業員は、リゾートホテルやレストランなどを通常価格よりも安く利用できるそうです。

同社の代行サービスによって、団体・企業は自前で福利厚生業務を行う必要がなくなり、コストの大幅な削減が図れるので、今までにはない福利厚生メニューを享受しています。

したがって、同社の代行サービスによって、顧客にとってはいいことづくめですが、事業立ち上げ後の数年間は、同社の台所事情は大変だったようで、2年目でギリギリ黒字という状態でした。

しかし、1998年の金融危機が状況を大きく変えました。金融危機によって

団体・企業は自前で保養所を維持できなくなり、その結果、福利厚生業務の請負件数が急増し、同社のこのビジネスは一気に成長を遂げることができました。

このベネフィット・ワンの成功事例が何を物語っているのかというと、いくら顧客にとって魅力的なサービスであったとしても、社会的変化のほうが事業に与える影響が大きいので、社会との関係をまず意識し構築する必要があるということです。

カミカゼが突然吹いて状況が好転することはあるかもしれません。しかし、それは所詮、運頼み。運任せにしないためにも、社会との関係を一番初めに築くようにします。

優先順位の2番目の自分（チーム）との関係作りについては、「自分（チーム）が本当に求めていることは何か」という問いに対峙して、その答えを見つけることが大切です。

新規事業を立ち上げる際、自分（チーム）が得たいことを無視して、顧客やステークホルダーの求めに応じようとすると、どんどんストレスが溜まることになり、それは嫌いな人のワガママをずっと聞き続けるのと同じです。

要は、自分（チーム）が求めていることを明確にしておかないと、顧客やステークホルダーに振り回されて、新規事業の軸がどんどんぶれてしまうので、そうならないために、顧客との関係作りの前に自分（チーム）との関係作りをしておく必要があるということです。

新規事業においてクリアすべき15のレベル

先述した優先順位をベースに新規事業の立ち上げプロセスをさらに区分けしたのが、次頁の図で示した15のレベルです。

各レベルにおいてクリアすべき詳細については後述するとして、ここではそれぞれの概要についてのみ解説します。

リレーショナルスタートアップ　その15のレベル

関係構築の相手	レベル	ステップ
社会	レベル1 事業テーマ確定	事業テーマ構築
	レベル2 事業イメージ構築	
自分(チーム)	レベル3 個人ミッション	チームビルディング
	レベル4 チームミッション	
顧客	レベル5 顧客定義	顧客ニーズ発見
	レベル6 顧客ニーズ発見	
	レベル7 顧客課題抽出	
	レベル8 商品イメージ構築	
	レベル9 競争優位性チェック	競合リサーチ
ステークホルダー 投資家、 経営者、上司、 社内部門、 取引先、行政、 社員など	レベル10 市場規模見積もり	参入意義検討
	レベル11 製品・サービス開発	商品化作業
	レベル12 マーケティング戦略立案	マネタイズ
	レベル13 ビジネスモデル構築	
	レベル14 事業基盤構築	経営資本獲得
	レベル15 参入障壁構築	事業拡大

社会との関係構築

レベル1からレベル2は、社会との関係性において、どの事業領域でどのような課題をクリアしていくのか、その全体像を構築するパートです。

事業とは、例えばキヤノンのカメラ事業を見れば、コンパクトデジタルカメラというローエンドモデルから一眼レフというハイエンドモデルまで、様々な製品があるように、いくつものビジネスを束ねる上位概念になります。

自分（チーム）との関係構築

レベル3からレベル4は、事業を企画した本人とそのチームが事業を推進するベースを作るパートです。

事業推進ベースとは、多少の困難があったとしても事業をやり抜くエネルギー源となる基盤です。ここがぐらつくと、少し壁にぶちあたった程度でも事業の先行きが見えなくなるので、このパートをどれだけ強固にするかがポイントになります。

顧客との関係構築

レベル5からレベル9は、展開するビジネスにお金を払ってくれる顧客を見つけ、製品・サービスのイメージを具体的に詰めていくパートです。

ここでは、どのような顧客にどのような製品・サービスを提供するのかを徐々にはっきりさせていくことになります。したがって、顧客に対する検証を繰り返し行うので、新規事業の立ち上げの中でも一番時間がかかり、やり直しが何回も起きるパートです。

レベル9をクリアする頃には、顧客に提供する製品・サービスのイメージがある程度明らかな状態となっています。

ステークホルダーとの関係構築

レベル10からレベル15は、発案した製品・サービスのアイデアで、実際にどのように利益を得てビジネスを展開させていけばいいのか、という営利性と競合他社に勝てる組織を作っていくパートで、既存事業で常に考えられて

いることばかりです。

　ここまでレベルをクリアすると、かなりテクニカルに新規事業を進めることができます。

　リレーショナルスタートアップにおける関係構築を15のレベルに区分けしておけば、新規事業が途中で上手くいかなくなった時に、どのレベルで問題があったのかをチェックすることができます。また、もし問題があったとしても初めからやり直す必要はなく、そのレベルについて検証し直せばいいことになります。

　関係構築を進める際、気を付けなければならないのは、クリアしていないレベルを残したまま先に進んでしまうことです。

　レベルの進み方としては、レベル1からレベル15まで順次クリアしていくのが理想的です。しかし、これまでに何回も述べているとおり実際には順を追ってレベルをクリアできるとは限りません。ふとしたきっかけで他のレベルに気づいて、そちらのほうを優先させたり、チーム作り（レベル4）を先行させることもあります。

　また、社内で新規事業を立ち上げる場合、市場が先に決まっていて（レベル10）、その市場に合わせた製品を作らなくてはならないこともあるでしょう。あるいは、収益が確実視されるビジネスモデル（レベル13）から、事業を立ち上げようとするかもしれません。

　新規事業においては15のレベルの途中からスタートするケースがあり得るということですが、途中のレベルを優先してクリアした場合、どのようにすればいいのかというと、それ以前のレベルについても順次クリアしたあと、先のレベルに進むようにします。

　例えば、顧客との関係構築の段階で、製品イメージを思いついた場合、すぐに市場調査などのレベル10に進もうとするのではなく、なぜその製品イメージを思いついたのか、社会問題や顧客が置かれている環境などを振り返り、それまでのレベルがクリア済みなのかを確認し、クリアしていないレベルを残さないようにします。

　15のレベルをしっかり把握しておくと、製品作りのアイデアや収益見込みなどにとらわれることなく、新規事業の進捗状況を俯瞰してチェックするこ

とが可能になります。

リレーショナルスタートアップの進め方

理想	現実	リレーショナル スタートアップ
レベル1	レベル1	レベル1
レベル2	レベル2	レベル2
レベル3	レベル3	レベル3
レベル4	レベル4	レベル4
レベル5	レベル5	レベル5
レベル6	レベル6	レベル6
レベル7	レベル7	レベル7
レベル8	レベル8	レベル8
レベル9	レベル9	レベル9
レベル10	レベル10	レベル10
レベル11	レベル11	レベル11
レベル12	レベル12	レベル12
レベル13	レベル13	レベル13
レベル14	レベル14	レベル14
レベル15	レベル15	レベル15

①

②

上から順にクリアできるの
が理想的なパターン。

途中のレベルからスター
トし、歯抜けのまま先に
進めようとする。

より先のレベルに進みた
いのであれば、上位のレ
ベルをクリアしてから先
に進むようにする。

Chapter 5-4 新規事業における アクションリスト

リレーショナルスタートアップにおける関係構築について、Chapter5-3ではレベル1からレベル15に区分けし、「何を意識し、何をしたらいいのか」などを解説しました。Chapter5-4では、ここまでの流れを踏まえて各レベルの詳細を解説します。新規事業の立ち上げで迷いが生じたら、各レベルの解説に目を通し、タスクリスト作りの手立てとして辞書のように使ってください。

各レベルの項目について

回答すべき問い

ここに書いてある問いとは、上司などのステークホルダーから投げかけられる疑問、質問だと思っていただければいいでしょう。各質問に具体的に答えられないと、事業に対してストップがかかる可能性があります。該当するレベルに取り組んでいる場合には、回答できれるようにしておく必要があります。

レベルの役割

レベルをクリアする意義と、クリアした際にどのようなメリットが事業にもたらされるのかについて述べています。なぜこのレベルをクリアすべきなのかと疑問を感じたら、ここを参照してください。

レベルクリアの目安

何を達成したらレベルをクリアしたものと見なせるかについて述べています。新規事業の場合はペーパーテストのように明確な合格ラインというものがないので、クリアできたかどうかの参考にしてください。

アクションリスト

それぞれのレベルにおいて、具体的に何をしたらいいのか、そのリストを列記しています。アイデア次第で取り組む事柄が変わってくるので、すべてのアクションを行う必要はありません。実際にはさらに細かいタスクも発生しますが、どのように該当するレベルを進めたらいいのかのヒントになるはずです。

レベル 1 事業テーマの確定
～解決したい社会の問題を明確にする～

社会で起きている様々な問題のうち「どの問題を取り上げるのか」を決める。

回答すべき問い	社会で起きているどんな問題を解決したいのか
レベルの役割	社会からの応援
レベルクリアの目安	人々が抱えているストレス（悩み、不安、不便、怒り）に気づき、自分の中で解決したいという情熱が沸いたとき
アクションリスト	□社会の中で沸き起こっているストレスに気づく □ストレスが発生している現場に行く □なぜその問題が起きているのか、問題の背景について調べる □起きている問題に人生をかけて取り組みたいのか自分に問う

レベル1では、新規事業の事業テーマを発見するようにします。ただし、ここで言う事業テーマは製品・サービスのアイデアではありません。

医療・介護・教育というように、社会のどの分野に進出したいのかを明らかにしていきます。

このレベルがクリアできない状態で製品・サービスのアイデアを出そうとすると、どうしてもアイデア先行型の商品になってしまい、社会的に必要があるのかどうかもわからない製品・サービスを作り出すことになってしまいます。

「社会的に」というと、難しい言葉に聞こえるかもしれません。しかし、誰しも学校に行ったり、会社に行ったり、見ず知らずの人もいる飲食店などで過ごしていたりと、社会の一員として生活しています。ということは、無理に何か大きなテーマに取り組まなくても、日々の生活の中でも取り組むべきテーマが見出せるということです。

コーヒーショップのスターバックスは「サードプレイス」というキーワードをコンセプトにしています。自宅（ファーストプレイス）でも、職場（セカンドプレイス）でもない、自分らしさを取り戻せる「第三の居場所（サードプレイス）」を職場でストレスを抱えているビジネスマンに提供したいという考えです。

　つまり、スターバックスは労働者の職場環境、メンタルについての問題提起をしたわけです。

　問題の発生は困っている人がいることを意味し、何か不快なことが起きていたり、痛みが起きていたり、思い通りにならない状態をもたらすので、そうした状態においては社会的に意味のある事業のテーマを見出すことができるでしょう。

　一方、ソーシャルゲームのような事業は何の問題も解決していないように思われるかもしれません。しかし、移動途中のスキマ時間の解消、人間関係の問題解消など、人々のストレスの解消に役立っているので、社会にとって必要とされる事業になっていると言えるわけです。

　新規事業の場合は、何かの問題解決にフォーカスしていくため、分野や業界などのカテゴリーを選択する際は、経験してきたことや、関心のある事柄が多いほど、事業のテーマを見つけやすいでしょう。

　社会にとってニーズがあり支持される製品・サービスは、社会が抱えている問題を解決できる商品ということです。

「どのような問題が社会にあるのか？」ということを日頃から意識していくことが、新たな商品のアイデアにつながります。

レベル 2 事業イメージの構築
～社会問題の解決方法に気づく～

取り上げた問題をどのような方法で、どのように変えたいのかを考える。

回答すべき問い	起きている社会の問題をどのように解決したいのですか？
レベルの役割	社会へのインパクト
レベルクリアの目安	解決方法について仮説を立てて、具体的なイメージが沸いたとき
アクションリスト	□どのような方法が問題解決につながるのかブレインストーミングを行う □思いついた方法の中で、既存の解決方法よりも優れたものがあるか精査する □絞り込んだ解決方法について、実現の可能性をチェックする

事業のテーマが明らかになったら、どのように問題を解決するのか、その方向性も明確にしていきます。

このレベル2では、製品・サービスの外観デザイン、機能、インターフェース、サービスメニューといった具体的な商品アイデアについては考えません。どのような方向性で取り組むのかを検討するレベルです。

例えば、何度もメディアで取り上げられ社会的に注目されているマイファームというベンチャー企業は、日本の耕作放棄地の問題を解決することを事業のテーマとしています。

耕作放棄地の問題を解決するためには、「耕作放棄地をまとめて大規模な農業を展開する」あるいは「農業のなり手を増やす」「助成金を増やす」というような解決方法が考えられます。

マイファームの場合は「自産自消」という、地元の人が自ら農業に取り組み、生産された農作物によって食生活を維持し豊かにすると同時に、農地

Chapter 5 新規事業立ち上げマニュアル

に関わる人を増やしていこうというアイデアでした。ちなみに同社は、この「自産自消」というコンセプトに基づいて、具体的なサービスとして農業体験やレンタルファームなどを各地で展開しています。

　このレベルはアイデアベースなので、実際にそのアイデアで問題が解決できるか否かは関係ありません。そうしたアイデアであれば解決できるのではないか、という仮説レベルの考え方をアウトプットするようにします。

　実際に解決できるかどうかは、その後、製品・サービスのアイデアを見出す段階で検討することになります。

　従来にないアイデアだと社会的なインパクトを与え、注目を集めることになります。ただし、荒唐無稽なアイデアは具体的に製品・サービスを考える時に苦労します。今までにないアイデアで、実現が可能なことかどうかが、このレベルでは問われます。

個人ミッション
〜事業に対する個人的な思いを明確にする〜

自分の自我と向き合い、新規事業を通して得たいことを明らかにする。

回答すべき問い	事業を通して個人的に得たいことは何ですか？
レベルの役割	自分自身のモチベーション
レベルクリアの目安	なぜ事業に取り組みたいのか？　個人的な理由と事業の成功後に期待していることを具体的に他人に伝えられる状態
アクションリスト	□自己分析を行い、自分の過去の経験と事業テーマがどこで結び付いているのか接点を探る □個人的に人生で将来得たいことと、事業の成功から得られることがどのように結び付くのか、事業と自分との関係について考える □事業を通して自分が証明したいことを明確にする □事業にどのように貢献したいのか？　自分の役割と立場を明確にする □なぜ、この事業に取り組みたいのか？　説得力のあるプレゼンができるように整理する

Chapter

5

新規事業立ち上げマニュアル

　このレベルで求められることは新規事業の立案者のやる気です。

　これまで何度も述べてきたとおり、新規事業の立案者がやる気を失ってしまえば、新規事業はそこで終わりです。

　新規事業は、どこまでいっても思いついたビジネスのアイデアに本気で取り組み続けられるのか、その覚悟が問われます。ただ単に「できたらいいな」という気持ちと、「何がなんでも実現させたい！」という意気込みとでは、得られる成果が違います。

　そのために必要なことは、新規事業の実現が、自分のミッションだと思え

る本気度であり、使命感です。自分にはそうした能力があると信じないと、途中で投げ出してしまうかもしれません。

リクルートで「ゼクシィ」を立ち上げた渡瀬ひろみさんは、「プロジェクトに失敗したら地方勤務」と強く言われても新規事業を立ち上げようと決心しました。他人から何を言われようと、やり遂げようという思いを明確にするのがレベル3です。

投資家や経営者たちは、「なぜあなたでなければ事業を立ち上げられないのか」ということを求めようとします。この点を明らかにしないと、あなたに投資してもいいか否かを悩んでしまうことでしょう。

したがって、あなたでなければ「事業は行えない理由（Why Me）」を他人に伝えられるようにしないと、途中まで立ち上げたのに、他の人にバトンタッチを命ぜられてしまうことがあり得ることを理解しておく必要があります。

新規事業の立ち上げそのものが目的化している場合は、このレベルのクリアを難しくする場合があります。例えば、「新規事業の部署に所属しているので」「上司に言われたから仕方なく」といったあとづけの理由です。
「なぜ、自分は新規事業をやりたいのか？」「なぜ、自分はこの事業テーマにこだわりたいのか？」を徹底して知っておく必要があり、このレベルをクリアするには、次の3つの問いに答えられることがポイントになります。

問い1 事業を通して得たいことは何か？

お金、資産、名声、人脈、自由な時間、大きな会社、社内でのより高い地位、自分が望む仕事などは、日本の場合、言うのもはばかれるようなことです。

日本人は「人のために何かしなさい」ということを昔から教えられているために、ついつい自分が欲していることを抑えてしまう傾向にあります。しかし、本音で個人的に欲していることを明確にしておく必要があります。

問い2 事業を通して証明したいことは何か？

新規事業の醍醐味の1つが、世の中に向けて「自分が考えていたことが正しかった」と証明できることです。つまり、事業に成功すれば、自分の考えが間違っていなかったことを証明できるわけです。

このように述べると、非常にエゴイスティックに思えるかもしれませんが、新規事業の成功は、他者の考え方との戦いに勝利したことを意味します。

したがって、「そんなの上手くいくわけがない」「そんな商品は必要ない」「あなたの考えは間違っている」といった声にもめげず、「いや、自分の考えは正しい」と信念をもって証明したいことがあるか否かが、重要になります。

問い3 どのような役割・立場で事業に貢献したいのか？

事業の立案者であっても、事業立ち上げに必要なすべての役割を1人でこなすことはありません。開発者という役割であったり、デザイナーであったり、マーケッターであったり、様々な役割が新規事業の立ち上げには必要になります。

他人から期待されていることと、自分の行動のギャップが起きるとチームに亀裂をもたらします。どのような形で事業立ち上げのチームに貢献するのか、ご自身の経験と共にはっきりさせておくことも重要です。

以上3つの問いに対する答えが明らかになれば、なぜそのビジネスに取り組みたいのか、その理由（Why Me）もはっきりするはずです。ビジネスへのモチベーションを明らかにし、強く持ち続けるためにも、自分の本音と向き合うことが大切です。

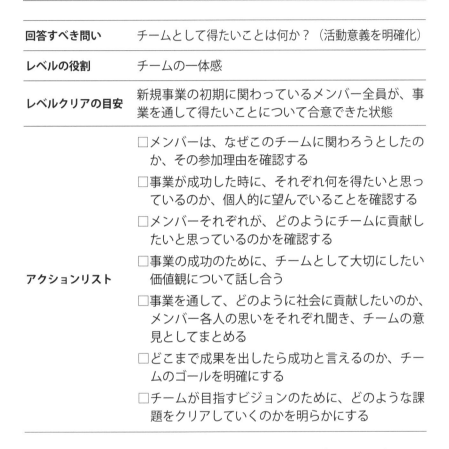

レベル 4 チームミッション
〜チームの事業に対する思いを明確にする〜

チームとして何を大切にし、どこに向かおうとしているのかを共有する。

回答すべき問い	チームとして得たいことは何か？（活動意義を明確化）
レベルの役割	チームの一体感
レベルクリアの目安	新規事業の初期に関わっているメンバー全員が、事業を通して得たいことについて合意できた状態
アクションリスト	□メンバーは、なぜこのチームに関わろうとしたのか、その参加理由を確認する □事業が成功した時に、それぞれ何を得たいと思っているのか、個人的に望んでいることを確認する □メンバーそれぞれが、どのようにチームに貢献したいと思っているのかを確認する □事業の成功のために、チームとして大切にしたい価値観について話し合う □事業を通して、どのように社会に貢献したいのか、メンバー各人の思いをそれぞれ聞き、チームの意見としてまとめる □どこまで成果を出したら成功と言えるのか、チームのゴールを明確にする □チームが目指すビジョンのために、どのような課題をクリアしていくのかを明らかにする

　このレベル4で行うのは、新規事業に取り組むチーム作りです。内外から何らかの圧力がかかったり、批判を浴びたとしても、決して屈しない強固なチームを作る必要があります。

　新規事業の場合は、最初からチームを作らずに、ある程度まで1人で進めてしまうこともあるため、初期の段階でチームを編成することはないかもしれません。しかし、どこかの段階でチームを作る必要があり、新規事業にお

いては製品・サービス作りと同様に重要になります。

　チーム作りをせずに新規事業を立ち上げようとすると、問題が発生した際に方向転換ができなくなり、チーム崩壊につながります。一方、結束力の強いチームを先に作っておけば、成果を得られないことがあったとしても、他の解決方法を見出して柔軟に転換することが可能になります。

　Techstarsという、アメリカでスタートアップ支援を行っている企業では、応募時の審査に際して、1にチーム、2にチーム、3・4がなくて5にチームというくらい、ビジネスのアイデアよりも、どのようなチームであるかを支援の判断基準にしているそうです。

　チームを作る時は、新規事業のコンセプトや方向性、計画内容などについてメンバー間で共通認識を持つと同時に意思統一を図るようにします。

　当初132億円を集め、インターネット専業の生命保険会社として創立されたライフネット生命は、創業者の出口治明さんと岩瀬大輔さんの年齢差が30歳離れていたことで注目されました。また、出口さんは日本生命に長年勤めた経験があるのに対し、岩瀬さんはハーバードビジネススクール卒業という、キャリアが全く異なる2人がチームを作ったことでも話題になりました。2人は会社としてどのようなサービスを提供するかを決める前に、先に会社の憲法ともなるマニフェストを徹底的に話し合って作成しました。そこには、会社として大切にするコアバリューが書かれており、同社は事業開始後も会社設立前に作ったこの価値観に基づいて経営されています。

　新規事業を立ち上げる際には、個人としてではなく、チームとして意思統一を図ることが重要になり、特に下記の項目についてメンバー全員が同じように認識できているかどうかがポイントになります。

　この1〜4の問いに対して、チームとして1つの答えを導き出し、チーム

1. チームとして達成したいこと、得たいことは何か	←ゴール
2. チームが実現したい社会はどういう社会か？	←ビジョン
3. チームはビジョンに対してどのような役割を果たしたいのか？	←ミッション
4. チームとして大切にしたい価値観は何か？	←バリュー

のミッションステートメントを作成します。

　ミッションステートメントは帰るべき場所です。新規事業の立ち上げでは想定外のことばかりが起きるので、判断に迷うことが発生します。そうした際は、ミッションステートメントに立ち返って、その場しのぎの判断をしないようにします。

　また、チームメンバー間でミッションステートメントについて共通認識を持っておかないと、チームのメンバーが、勝手に自分が理想としている製品・サービス作りに走ってしまうこともあり得るわけで、そうなればチームとしての結束力が失われてしまいます。

　新規事業をチームとして成功させるためには、このレベル4をクリアしておくことが重要になります。

　このレベル5では、商品に価値を感じてくれる顧客を探し出します。

レベル 5　顧客の定義
〜事業の顧客を探し出す〜

どんな顧客と関係を持ちたいのか、具体的にする。

回答すべき問い	誰のために商品を提供したいですか？
レベルの役割	事業の推進剤（モチベーションの燃料）
レベルクリアの目安	事業をする上で関わってくる人物像について、具体的に絞り込んだ状態
アクションリスト	□事業の対象となる顧客イメージについてブレインストーミングを行う □顧客イメージを絞り込みペルソナ（ユーザー像）を想定する □実際に顧客となる人に出会えるのかをチェックする □実際に候補としている顧客に会ってみて、自分（たち）が関わりたいと思えるのかどうか、その感じ方をチェックする

自分の商品を待ち望んでいる顧客の存在がわかるのは、非常に心強いものです。誰かが買ってくれるとわかっているだけでも、事業を立ち上げようという熱意が沸いてきます。よって、このレベル5での役割は事業の推進剤になります。

　商品のイメージを先に考えてしまうと、顧客がよくわからないまま事業を立ち上げることになります。どこかにいるかもしれませんが、そうした状態で顧客を探すには、とてつもない労力がかかります。

　顧客の定義が先にされていると、対象者にヒアリングして抱えている問題を聞き出すことができるので、商品の立案が容易にできます。

　儲かるか否かという営利性をベースに新規事業を立ち上げるのであれば、市場規模の拡大につながる顧客ターゲットを選定するかもしれません。

　リレーショナルスタートアップでは、営利性よりも「誰と関係を持ちたいのか」という人間性を優先して考えます。

　誰しも自分が嫌いな人と積極的に付き合いたいとは思わないはずです。本当は好きなのに嫌いなフリをすることはあっても、心の底から嫌いな人を好きになるということはあり得ないでしょう。

　新規事業においては、自分の思い入れと違う顧客をターゲットにしてしまうと、熱が入らずなかなか先に進むことができません。しかし、自分の思い入れどおりの顧客を探すことができれば、好きな人のためには何とかしてあげたいと思うように、商品開発にも熱が入ります。

「どのような人を顧客にしたいのか」は、新規事業を立ち上げる際のモチベーションに大きな影響を与えます。

　このレベル5をクリアするための大事なポイントは、具体的に顧客を絞れるかどうかです。

　例えば「主婦向けのサービスを展開します」と、ざっくりとした顧客の定義でスタートすると、主婦といっても、共働きの主婦もいれば、専業主婦もいます。また、共働きの主婦といっても、子持ちの人とそうでない人など、その人が置かれている環境によって、対象者は全く異なってきます。

　マスマーケティングの世界では、F1、F2、F3、M1、M2、M3というように年齢と性別の顧客属性の切り分けをしますが、それではデータ上で区分け

しただけで、新規事業の顧客定義においては不十分です。

　新規事業では、年齢、性別、居住地域といった属性の他に、考え方、知識、能力、人脈、所有資産などの項目を加えて、細かく定義します。

　そして、チームメンバーの全員が、この顧客定義を見れば同じ人物を想像できるようにすべきでしょう。

レベル 6	顧客ニーズの発見
	～顧客が求めている価値を理解する～

顧客がどのような変化を求めているのか、ニーズを発見する

回答すべき問い	顧客が製品・サービスに求めているメリットは何ですか？
レベルの役割	事業に対する確信
レベルクリアの目安	顧客がどのような変化を求めているのかが、顧客の声を直接聞いた上で明確になった状態
アクションリスト	□ヒアリング、リサーチなどを通して顧客に関する情報を収集する □顧客の現状について分析する □マインド、スキル、リソース、身体感覚のうち、顧客はどこに一番変化を望んでいるのかを絞り込む □どのような状態であれば顧客は満足できるのか、その仮説を立てる

　このレベル6では、現状に対して顧客がどのような変化を望んでいるのかを明確にします。Chapter4-4で解説した顧客レンズ作りにおける、「顧客が求めている価値（ニーズ）を明らかにする」までがこのレベルにあたります。詳しくはそちらを参照してください。

　顧客が望んでいる変化は、自ら明確に意識できているものもあれば、潜在的なものかもしれません。顧客の声に耳を傾けていれば、望んでいることがはっきりと見えてくるでしょうし、商品を開発する意義も感じ取れるはずです。

このレベル6をクリアするための大事なポイントは、ヒアリングやリサーチなど、顧客との関係作りです。このレベルが上手にクリアできないと、数字的に辻褄を合わせたような顧客分析となり、商品アイデアの説得力に欠けることになります。

ターゲットとしている顧客が何に一番価値を感じているのか、これがはっきりすれば、「なぜこの製品・サービスを作る必要があるのか？」という問いへの答えも得られるはずです。

レベル7 顧客の課題を抽出
～顧客が抱えている課題を明らかにする～

顧客にとって障壁になっている課題を発見する。

回答すべき問い	顧客が自分で問題を解決できない（しない）のはなぜか？
レベルの役割	他社との差別化
レベルクリアの目安	顧客が望んでいる変化の前に立ち塞がっている課題が明らかになったとき
アクションリスト	□顧客が望んでいる変化が得られない理由を分析する □顧客がどのような物理的障壁、心理的障壁を抱えているのかを探す □顧客が変化を望んでいる時に一番ネックになっている問題を絞り込む

このレベル7では、顧客が望んでいる変化が得られない理由を明確にします。Chapter4-4で解説した顧客レンズ作りにおける、「顧客が自力で解決できない課題を発見する」の項目がこのレベルにあたります。詳しくはそちらを参照してください。

顧客が望んでいた変化（価値）を既に得ているのであれば、商品は必要な

いわけで、どうしようもできないから、課題を解決してくれる商品を求めるのです。

したがって、何が顧客の課題となっているのかを明らかにする必要があり、このレベル7の役割について「他社との差別化」と書いたとおり、他社が見つけられない顧客の課題を如何にして見つけるかが、重要なポイントになります。

コロナ禍によってリモートワークが注目される中、Zoomはオンライン会議サービスのシェアを一気に拡大しました。とはいえ、Zoomがこのサービスをスタートする前から、他社も同様のサービスを提供していました。つまり、遠隔地に居たとしても複数の人と同時に動画でコミュニケーションが取れるようにしたい、という課題は既にクリアされていたのです。

しかし、「使い始めるまでが面倒」「画質が粗く重い」などの課題が残っていたため、そうした課題を解消したZoomが一気にシェアを拡大したわけです。このZoomの例で注目すべきは、競合他社にも改善する余地があったにもかかわらず、いずれもZoomが着目した顧客の課題を見出せなかったことです。

ヒット商品を発売後に振り返ってみると、ヒットした理由は誰もが思いつく可能性があります。しかし、常に競合他社の先を行くためには、当たり前だと思っていることでも、そこに顧客の課題を見出せるかどうかが、このレベル7においての重要なカギになります。

レベル 8 商品イメージの構築
~課題を解決する顧客体験を設計する~

顧客の課題を解決する製品・サービスのイメージを具体的に落とし込む。

回答すべき問い	どのような方法で顧客の課題を解決するのか?
レベルの役割	イノベーション
レベルクリアの目安	顧客が購入したいと思っている製品・サービスの具体的なイメージが見えてきたとき
アクションリスト	□顧客の課題が解決できそうな方法をブレインストーミングする □顧客体験に一番インパクトを与えそうな方法を精査する □思いついたアイデアが、どのような形で顧客体験になるのか、その具体的なイメージ（ロールプレイ）をしてみる □プロトタイピングを実施し、顧客の反応をチェックする □見出した解決方法が、チームとして情熱が持てる方法か否かを再確認する

このレベル8では、顧客が抱えている課題を解決し、顧客が今まで体験したことのない製品・サービスのイメージを作ります。

具体的な課題の解決方法については、Chapter4-5の「顧客に合った解決方法を見つける」で述べていますので、ここではChapter1でも触れた顧客体験について補足しておきます。

レベル8の役割を「イノベーション」としている理由は、このレベルをクリアすることが、顧客にとってイノベーションとして感じられるかどうかの境目になるからです。例えば、スターバックスは、他社と同じようにコーヒーを提供するというサービスであっても、店舗の雰囲気や接客サービスを

従来にない形・システムに変えたことによって、コーヒーショップ業界に新たなイノベーションを起こしました。

インクジェットプリンターの場合は、従来のレーザープリンターと比べて小型化され、ローコストでプリントできるようになったため、誰もが気軽に家で写真などをプリントできるというイノベーションを起こしました。

イノベーションというと、技術革新の意味が強く感じられますが、顧客にとってのイノベーションは顧客体験の革新性です。

インクジェットプリンターを例に挙げれば、エプソンはピエゾ方式、キヤノンはサーマル方式という全く異なった技術が用いられているものの、顧客は両者の違いをほとんど理解していないでしょう。

つまり、異なった解決方法（技術）が用いられているとしても、製品を使用する際の顧客体験がほぼ一緒だと、どちらが革新的かというイノベーションを顧客は感じ取ることができないわけです。

一方、同じ解決方法が用いられていたとしても、顧客体験が異なれば顧客に目新しさを感じ取ってもらうことができます。

技術的な解決方法だけでなく、顧客にどのような体験をしてもらうのかということが、革新的な商品として訴求できるかどうかを左右します。

したがって、解決方法を実際に顧客に試してもらうプロトタイピングを行う際は、顧客体験を意識してこのレベル8をクリアするようにします。

<table>
<tr><td></td><td>レベル
9 競争の優位性を確認
〜競合価値、代替価値をチェックする〜</td><td></td></tr>
</table>

レベル 9 競争の優位性を確認
〜競合価値、代替価値をチェックする〜

他社製品をリストアップし、比較して自社製品の優位性を明らかにする。

回答すべき問い	既にある他の製品・サービスで顧客は満足していないか？ 思いついた製品・サービスにわざわざ顧客が手を出す理由は何か？
レベルの役割	顧客の乗り換えを訴求（他社商品に対する優位性）
レベルクリアの目安	顧客が既に使っている製品・サービス（解決方法）で顧客が満足していないことが明らかになって、提供しようとしている自社商品への乗り換えが確信できたとき
アクションリスト	□競合しそうな製品・サービスのリストアップ □同じ価値を代替できそうな製品・サービスのリストアップ □リストアップされた製品・サービスの分析 □自社商品の優位性を確認するためにポジショニングマップなどを作成

　このレベル9の目的は、自社商品を提供した時に、顧客が既に使っている他社の商品から乗り換えるだけの要素が自社商品にあるのか、その有無を明らかにすることです。

　提供する新規商品に顧客がすぐに関心を示し、購入してくれるのであれば、これほど理想的なことはありません。しかし、顧客は既に他社の商品を使用しているケースが多いので、そうした既存商品と違った価値を顧客に示さないと、提供しようとしている製品・サービスに乗り換えてくれません。

　したがって、どのような価値を提供すれば、顧客が関心を示すのか、事前にその価値を見出しておく必要があります。

　例えば、ダイソンの掃除機の場合は、吸引力が落ちないという価値を提供

しただけでなく、デザインにも徹底的にこだわりました。そのおかげで、部屋に置かれていてもインテリア的な価値を持つ掃除機になりました。

このレベル9では、他社商品とどのような差別化を図るのかを、探っていくようにします。

レベル9をクリアするためには、自社商品に類似した競合商品を調査することと、自社商品の差別化をどのようにすれば図れるかを検証します。

調査に際しては直接競合している製品・サービスだけでなく、自社商品と技術が異なっていても同じような価値を提供できそうな製品・サービスについても調べるようにします。経済学では相関関係にある財（モノやサービス）を「代替財」と言いますが、ここでは製品・サービスに連動する財の価値を代替するという意味で「代替価値」と定義します。

例えば、照明器具の場合、LEDライト同士は直接競合の商品になり、LEDライトと蛍光灯だと、蛍光灯は代替価値の商品ということになります。LEDライトと蛍光灯は光を発生する仕組みは違っていても、部屋を明るくするという価値は同じです。

新規事業の立ち上げに際して起こりがちなのが、似たような製品・サービスを探して、競合する製品・サービスはないと決め付けてしまうことで、「他社が全く手掛けていない製品・サービスであればヒットする！」という思い込みをしてしまうことです。

顧客は今までにない製品・サービスであっても、それまで使っていた製品・サービスの「何か」を捨てて乗り換えるはずなので、その製品・サービスには代替価値があるはずです。例えば、スマートフォンの場合、現在はスマートフォン同士がシェア争いをしていますが、出たばかりの頃は従来の携帯電話（ガラパゴスケータイ）が代替価値のある商品ということになります。

要は、ガラパゴスケータイから乗り換えるメリットが訴求できなければ、現在のようなスマートフォンの普及はなかったということです。

誰も手掛けていないことがわかれば、競合他社に勝てると思ってしまいがちですが、誰も手掛けていないということは、新たに提供しようとしている製品・サービスの価値を理解している顧客は、まだ少ないことを意味します。

アメリカのジェフリー・ムーアがハイテクマーケティングのバイブルと言われる『キャズム』（翔泳社、2002年）という著書の中で、「新しい概念の商品は一部の人には受け入れられても、多くは普及する前に大きな溝に落ちていく」と述べているように、従来にない製品・サービスのほうが、ハードルが高くなることがあるわけです。ということは、競合する製品・サービスがあったほうが、新しい製品・サービスは顧客に理解されやすいということになります。

競合する製品・サービスを見つけたら、顧客に対してどのようにすれば、自社商品に乗り換えてくれるのか戦略を練る必要があります。その際は、競合商品が顧客に提供している価値を探り、自社商品がどのような違う価値を提供できるのか、明確にすることが大切で、マーケティングでよく使われているポジショニングマップなどを用いると比較しやすくなるでしょう。

レベル10 市場規模の見積もり
〜事業が成立する顧客数を試算する〜

十分なリターンを得られる市場があるのか、市場規模を見積もる。

コア市場／隣接市場

回答すべき問い	資金と時間を投資する価値がある事業か？
レベルの役割	将来への期待（ステークホルダーとの関係作り）
レベルクリアの目安	事業スタート時の最低顧客数と将来の潜在顧客数を予測できたとき
アクションリスト	□市場規模を見積もるための条件を設定する □フェルミ推定などの手法を用いて、レベル10の条件をクリアするための数字を算出する □間違いなく見込める最低限の市場規模について数字を算出する

このレベル10では、商品を市場に投入する時に、事業として成立するかどうか、その市場規模を明確にします。

どの程度の市場規模が新規事業にとって十分か、ということは企業規模や企業の成長ステージによって異なります。年間の売上高が1億円の企業の社内新規事業であれば年間売上1,000万円の事業でも十分かもしれません。一方、年間の売上高が1,000億円を超えるような企業では、売上1億円程度しか見込めない場合には話にならないということもあるでしょう。

　ここで気を付けなければならないのは、レベル10での見積数字は机上の空論で、実際には不確定だということです。

　ブライダルの情報サービス「ゼクシィ」を立ち上げた渡瀬さんの場合、当初、売上規模は10億円程度になればいいと見積もっていたところ、実際には500億円近くまで伸びてビックリしたそうです。これは結果が極めて良かった例で、当初の想定どおりに市場規模が伸びなかった例は数え切れないほどあります。つまり、いくらレベル10の段階で市場規模を見積もったとしてもあまり意味をなさないと言えます。

　とはいえ、社内の新規事業の場合は、ステークホルダーである上司、経営陣、株主は新規事業の市場予測を気にしているはずなので、こうしたステークホルダーとの関係を良好にするためにも、レベル10をクリアしておく必要があります。

　新規事業を立ち上げる前に明確にしておきたいのが、スタート時に確実に見込める市場規模と将来見込める市場規模の2つで、当然、将来見込める市場規模が大きければ大きいほど、大きな利益が得られることになります。

　よって、現在、関係している市場が将来どの程度大きくなるのか、あるいは、他の市場にも進出できる見込みがあるのか、ということもよく調査しておく必要があります。つまり、最初は小さなビジネスしか展開できないとしても、ゆくゆくは大きなビジネスとして展開できる可能性を探るようにします。

　新規事業のスタート時には、将来の市場規模と共に、「今、ここ」で最低限ビジネスとして成立する市場があるのかをチェックしなくてはいけません。製品・サービスを購入してくれる顧客を最初に確保できないと、企業活動の生命線である資金が枯渇する怖れがあります。

　先ほどご紹介した私自身が始めた映像素材のオンライン販売ビジネスは、現在かなり大きな市場に成長しており、中には売上高が数千億円規模に達し

ている海外企業もあります。

しかし、私がこのビジネスをスタートした時は、まだインターネット決済すら躊躇する時代で、オンライン販売の市場があまりにも小さく、事業として展開するのは困難でした。

要は、いくら将来に希望が持てるビジネスだとしても、スタート時からリターンを得られる市場が存在していなければ、事業が将来の利益を得る前に潰れてしまう可能性があるということです。

では、「新規事業の市場規模をどのように見積もったらいいのか」と言うと、既に同じような製品・サービスを出している競合他社が存在している場合は簡単です。業界に関するデータが公表されていれば、その数字をベースに見積もることができますし、そうしたデータがなくても、他社の売上規模などから推定して見積もることができます。

問題は全く顧客の数字が読めない場合です。そうした時は、市場の規模を把握する際の手法として知られる、「フェルミ推定」という概算を出すための思考方法を用いるといいでしょう。

フェルミ推定という名称は、アメリカの物理学者エンリコ・フェルミが、同僚の物理学者に「物理学者はどんな問題でも解けるようにしておかなければいけない」と提唱したことに由来します。

フェルミ推定で有名な逸話として、「アメリカのシカゴにはピアノの調律師が何人いるか?」という問いがあります。もし、あなたがシカゴの調律師向けにビジネスを展開したいのであれば、この問いに答えられなければなりません。

しかし、フェルミ推定は正確な数字よりも、桁が合っていれば正解というレベルのものですから、どのみち推定したとおりの市場規模にはなりません。

それでも市場規模を算出する必要があるのは、ステークホルダーは常に根拠を求めるからです。「おそらく〇〇億円の規模になります」というような答えではなく、「こちらのデータを入力して計算したところ、〇〇億円の規模になりました」というように、できるだけ正確な数字を提示できるようにしておきます。

レベル11	**製品・サービス開発** 〜製品・サービスの供給を実現可能な状態にする〜 顧客の信頼に応えられるように製品開発をし、製造体制を整える。

回答すべき問い	顧客が満足する製品・サービスを開発し、安定的に供給できるのか？
レベルの役割	顧客への約束（顧客の期待に応える）
レベルクリアの目安	製品・サービス開発の目処が立ち、供給体制（サプライチェーン）の計画が立案できたとき
アクションリスト	□製品・サービス化のための仕様を決定する □仕様通りの製品・サービスを開発する □市場規模に応じた供給量を見積もる □供給体制計画を立案する

　このレベル11では製品・サービスを実際に顧客に提供できるようにし、供給体制を整えておきます。

　プロトタイピングの段階では、大量に商品を供給する必要がありませんでしたが、実際に事業をスタートするとなると、市場に十分供給できなければいけません。顧客ニーズがあるのに、機会損失を生むことになります。

　クラウドファンディング最大手のキックスターターでは、プロトタイプのデモをし、顧客からお金を集めたにもかかわらず十分な量の製品を作れず、顧客への約束を守れないケースが多発しました。生産体制に関する事前の見積もりが甘く、いざ顧客の受注に応えようとしたら、生産が追いつかなくなってしまったのです。

　プロトタイピングの段階では、市場規模を視野に入れる必要はありませんが、実際に事業をスタートする時は市場への供給量を見込んでおくようにします。

　日本企業の多くは、製造ノウハウが多岐にわたっているので、このレベル11をクリアするのは容易かもしれません。

レベル11では、製品・サービスの仕様（スペック、機能、デザイン）を決定すると同時に、各仕様を順調に開発できるかどうか、さらには大量受注にも応じられるかどうかを検証します。

　レベル11をクリアするには、ノウハウと技術力が求められます。

　もの作りやITの分野の場合はエンジニアリングやデザイン力。

　接客サービスの場合は、店舗運用マニュアルなど。

　いずれも社員のスキルがすべてを左右し、製品・サービス開発に社員一丸となって取り組むことができれば、それが一番です。

　ただし、どうしても自社では開発できないこともあり得ます。そうした場合は、外部の企業に協力を求めることになるので、開発できない事態に備えて、外部との協力関係を築くことができるかどうかを、この段階でチェックしておきます。

　往々にしてありがちなのが、外部の企業に話しをもちかけた段階ではOKだったものの、いざ製造となると、条件が合わないなどの理由で対応してくれないケースです。したがって、新規事業を開始する前に協力してくれる企業と契約を交わしておくなど、確実な措置を取っておくようにします。

　もの作りの分野だけでなく、インターネット上で事業を展開している企業にもこのレベル11をクリアしておくことが求められます。トラフィックの負荷を正確に見積もっておかないとサーバーのダウンにつながり、サービス停止に追い込まれ、信用を失ってしまいかねません。

　とりわけ競争が激しい業界の場合は、他社が信用を失っている間に類似商品で参入してくる傾向が強いので、顧客の取りこぼしがないようにするためにもレベル11をクリアしておく必要があります。

マーケティング戦略の立案
〜顧客獲得の絵図を描く〜

顧客の心を射止めるための方法について戦略を練る。

回答すべき問い	どのようにして顧客を獲得するのか?
レベルの役割	収入源の確立
レベルクリアの目安	どのような手法によって、どの程度の資金を投入して、どの程度の顧客を獲得できるのかなど、顧客獲得のノウハウが得られたとき
アクションリスト	□営業戦略、マーケティング戦略を立案する □テストマーケティングを実施する □顧客獲得単価と顧客生涯価値（LTV）を見積もる

　このレベル12では、全く世間に知られていない新商品をどのように顧客に告知し、購入してもらえるようにするのかなど、顧客獲得のための戦略を立案します。世界有数のブランド力を誇るアップルの場合は、新製品の発表会を行うだけで、メディアが勝手に宣伝をしてくれます。しかし、ブランド力のない企業の場合は、プレスリリースを流しても誰も関心を示してくれないことが多いので、顧客にアプローチしていく必要があります。

　マーケティングの経験者であれば、顧客獲得の難しさはご存知だと思いますが、そうした経験があまりない方は、何とかなるだろうと思ってしまう傾向にあります。例えばよくあるのが、「商品をどのようにして売るつもりなのですか?」という質問を投げかけると、「インターネットで広告を出せば売れますよね?」といった根拠のない回答が返ってくることです。こうした場合は、「インターネット広告に〇〇万円の予算を使い、無料のお試しサービスを提供して〇〇〇人の見込み顧客を集客し、見込み顧客から〇〇%の成約率で商品を売るようにします」というように、より具体的に回答できるかが問われます。レベル12では、一番効果的な顧客の獲得方法を知っておく必要があります。マーケティングの方法として、テレビCM、新聞、雑誌、ラジオ、

Webマーケティング、SNS、飛び込み営業、テレアポ、営業代行会社の利用、口コミ、紹介、PR戦略などがありますが、これらの中から費用対効果などを検討して一番効率のいい方法を選択するようにします。またその際は、顧客獲得単価と顧客生涯価値のバランスを考慮することが大切です。

顧客獲得単価とは、顧客獲得にかかる1人当たりの費用です。例えば広告に100万円の費用をかけて、100人の顧客を獲得した場合は、その顧客獲得単価は1万円ということになります。

顧客生涯価値は、顧客が商品・サービスに対して、ある期間、連続して支払う総額のことです。携帯電話の使用料金（本体は除く）を例に挙げれば、月額6,000円を毎月支払い、5年間、乗り換えせずに使い続ければ、その顧客生涯価値は36万円ということになります。この場合、顧客獲得のために10万円の携帯電話を5年の間に2回顧客に渡すキャンペーンを実施したとしても、「36万円—（10万円×2台）＝16万円」の利益を得られる計算になります。実際には通信サービスにかかるコストなどを含め、もっと細かく計算しますが、このような計算ができると、顧客1人を獲得するためにどの程度予算を見込んでおけばいいか、という見積もりができます。

ただし、インターネットビジネスでよく見られるように、ターゲットとする顧客から収益を上げるのではなく、ビジネスモデルよって収益を上げようとする場合は、獲得した顧客からの顧客生涯価値は0円になります。

したがって、こうした場合は、顧客獲得単価と顧客生涯価値と比較しても意味がないので、顧客獲得単価を常に注視するようにします。

顧客獲得単価と顧客生涯価値のバランスを図るためには何度かテストマーケティングを繰り返して、その都度、正確に数字を把握するようにします。なぜなら、根拠となるデータを持たないままマーケティングを進めると、あっという間に予算を使い切ってしまうからです。

ある企業でインターネットサービスの新規事業を立ち上げた際、インターネット広告に200万円の費用をかけたところ、4人の無料会員しか集まらなかったそうです。この企業は200万円も費やしたので何千人も集まると思っていたそうですが、マーケティングデータがないとこうした事態に陥ってしまいます。

既存商品の販売量を拡大する場合は、それまでの経験から効果的に資金を投入する方法がわかります。要は、最適なマーケティング方法へ一気に資金投入すればいいだけです。

しかし、新規事業の場合は、こうしたことがわからないので、見込んでいた顧客が得られずに痛い目にあうケースが多くなるわけです。

マーケティングについては、ありとあらゆる研究がされており、様々な理論や方法があります。もし、マーケティングの知識を全く持ち合わせていないのであれば、マーケティングに通じている人に依頼したり、チームに加わってもらうのが一番でしょう。

レベル13 ビジネスモデルの構築
～収益化、ビジネスモデルの開発～

お金が安定的に回る仕組みを考える。

回答すべき問い	新規事業を通じて、どのようにして継続的に収益を得るのか？
レベルの役割	新規事業の存続意義の形成
レベルクリアの目安	ビジネスモデルの見通しが立ち、収益が得られる算段がついたとき
アクションリスト	□事業に関係しそうな全プレイヤー（行政、企業、個人）をリストアップする □プレイヤー間でどのような価値のやり取りをしているのかを図式化し、分析する □どのようなビジネスモデルが可能か、ブレインストーミングを行う □ビジネスモデルを図解化し、比較する □一番効率的にお金の流れを作れそうなビジネスモデルを選択する

このレベル13では、獲得した顧客から安定的に収益を得るためのビジネスモデルを立案します。無料キャンペーンを展開して大量の顧客を獲得したとしても、実際にお金を払ってくれる人がいなければ意味がありませんし、一度しか顧客が商品を購入してくれないようであれば、収益は頭打ちになり、事業が続けられなくなってしまうこともあります。

　顧客獲得の方法が見えたとしても、継続的なビジネスモデルが立案できなければ、安定した収益は得られません。

　したがって、商品を販売してお金を払ってもらうという状態にとどまらず、積極的に収益を得る仕組みを作り上げていくことが重要になります。

　製品・サービスの販売によって収益を得ている業種の場合は、マーケティングや営業力を強化することによって収益を上げることができます。一方、顧客からすぐに収益が得られない場合は、ビジネスモデルを作る必要があり、マネタイズ（無料サービスの収益化）を図ります。

　無料でインターネットサービスを提供する代わりに、企業の広告を集めて収益を上げたり、無料でゲームを提供するにしても、有利にゲームを進めたいユーザーには課金するなど、様々な形で収益を得る方法を考えるようにします。また、顧客からの収益が見込める商品であっても、より安定して継続的に収益が得られるようにビジネスモデルを構築するケースがあります。例えば、近年ではトヨタ自動車のKINTO、キリンビールのHomeTapのように、サブスクリプションモデル（企業が顧客に対して商品・サービスを一定期間提供し、月単位や年単位などの利用料を回収するビジネスモデル）と言われる会員制のビジネスモデルを、メーカーが直接行うケースが増えています。

　レベル13をクリアするには、他社が真似できないユニークなビジネスモデルをどのように作り上げるかが重要なポイントになります。なぜなら、このビジネスは儲かるとわかった瞬間に、多くの企業がそれに倣おうとして一気に参入してくるからです。

　ソフトバンクの孫正義さんは、かつてタイムマシン経営を提唱し、海外で流行したビジネスモデルをいち早くコピーし、日本で展開することにより成功をおさめました。今ではインターネットが発達しているため同じような成

功は難しいとはいえ、どの企業も他社のビジネスモデルを常に注目していま
す。

　提供したいと思っている製品・サービスについて、様々な人の意見を聞く
ことは大事ですが、どのようにして収益を得るのかというビジネスモデルに
ついては、秘匿しておくことがキーです。儲かりそうだということが伝わっ
てしまうと、一気に参入者を増やすことにつながってしまいます。

　今やコミュニケーションのプラットフォームとなりつつあるLINEは、何
千万人という会員を集めたあとも、収益を上げる方法については長い間伏せ
ていました。

　現在、LINEは大企業向けの公式アカウントによる広告モデル、小規模店
舗向けのマーケティング支援モデル、ユーザー向けのスタンプ販売モデル、
クリエイター向けのマーケットプレイスモデル、決済手数料モデルなど、あ
りとあらゆるビジネスモデルを導入して収益化を図っています。

　ビジネスモデルを作り上げる際は、新しいアイデアを見出すために、でき
る限り多くのビジネスモデルに通じておく必要があります。

　ビジネス書の著者としても有名な三谷宏治さんの著書『ビジネスモデル全
史』（ディスカヴァー・トゥエンティワン、2014年）の中では、中世から現代
に至るまで、70近いビジネスモデルが紹介されているので、参考にされると
いいでしょう。

　確実に収益を上げられるビジネスモデルを他社が真似したとしても、優
位性が保てるマネタイズの方法を、このレベル13で構築できるかどうかを
チェックしてください。

事業基盤の構築
～事業に必要な経営資源を調達する～

ステークホルダーからの承認を得て、事業の基礎を固める。

回答すべき問い	新規事業を支援してくれる人は誰か？
レベルの役割	新規事業の動力源
レベルクリアの目安	新規事業のスタートに必要な人材、設備、資金の目処が立ったとき
アクションリスト	□必要な人材リストを洗い出す □必要な資金を見積もって、その調達先を探す □キャッシュフローの表を作成する □新規事業の計画書を作成する □会社からの承認を獲得する

このレベル14では、事業に必要なリソース（ヒト・モノ・カネ）、さらには事業を展開する場所を獲得し、事業を展開できるようにします。

ベンチャー企業の場合は、既に保有しているリソースの投入、外部の投資家の協力、ネットワークの活用などの方法を講じたあとに事業をスタートさせます。一方、社内で新規事業を立ち上げる場合は、ベンチャー企業のようにはいきません。必要なリソースについて会社の承認が必要になります。

ベンチャー企業と社内における新規事業を比べると、後者のほうが既に社内にリソースがあるので、それほど苦労しないように思われますが、実は社内新規事業の場合は社内の制約に縛られるため、自由にリソースを調達するのは難しいのです。

例えば、資金調達を例に挙げると、ベンチャー企業の場合は自己資本、融資、外部からの出資、社債の発行など、様々な手段が考えられます。これと比較して社内新規事業の場合は、まず社内の資金を投入してもらうしかありません。社内新規事業に関心を示してくれる外部の投資家がいたとしても、

好き勝手に株式を発行して資金調達することはできません。

　独立した子会社のような組織の場合であっても、親会社の意向に従う必要があり、ある子会社の経営者などは、必要な資金の決済が親会社から下りないので、仕方なく個人で融資を受けて、会社にそれを投入していました。

　それだけに、社内における新規事業の場合は、新規事業を支援してくれるパトロンの存在が重要になります。ちなみにパトロンは社長であればベストでしょうが、大企業の場合は役員クラスの方が多いようです。「ゼクシィ」を立ち上げた渡瀬さんは、パトロンについて「親を見つける」と表現をされていました。社内新規事業は誰が親になるかによって、その先行きが大きく異なるので、慎重に人選し交渉することが大切です。

　また、社内新規事業でありがちなのが、新しい取り組みに対して抵抗しようとする勢力の存在です。そのため、多少の横やりが入っても簡単に壊れない新規事業の基盤をこのレベル14で作っておく必要があります。

　世界的な大ヒット商品となったプレイステーションを立ち上げた久夛良木健さんは、当時ソニーの最高経営責任者だった大賀典雄さんがパトロンだったそうです。また、プレイステーションの事業を展開する場所を、ソニー本体内に設けると潰されるかもしれないということで、青山のソニー・ミュージックエンターテイメント内に事業場所を確保したといいます。

　レベル14で行うことは、事業計画書を作り、必要な経営資源を確保するために社内決済の手続きを取ることです。

　さらに社内新規事業の場合は、このレベル14をクリアするために社内の政治的な事柄や雰囲気を上手く乗り切る手腕が求められ、まさにステークホルダーとの関係性の強化が一番求められます。

　こうした点が、すべて自前のリソースだけでスタートするベンチャー企業との大きな違いです。ベンチャー企業の場合は、最低限、事業をスタートするために必要なリソースが獲得できたら、このレベル14はクリアしたことになります。もちろん資金や優秀な人材などが、潤沢であるほうが事業運営は楽にできるでしょう。しかし、上を見たらキリがありません。十分にリソースが獲得できたと思えたら、走りながらでも新規事業をスタートさせます。

参入障壁の構築
～競合他社の参入を阻止する施策～

他社が攻め込んできても、自社の事業を守れるようにする。

回答すべき問い	他社との競争に勝ち抜くためにどのような対策を考えているか?
レベルの役割	将来への備え
レベルクリアの目安	新規事業を軌道に乗せて、安定的に拡大させていくための布石が打てたとき
アクションリスト	□マネジメントの最適化を図る □販売・流通網を拡大する □サポート体制を構築する □新規事業を成長させるために必要な人材を獲得する □資金を調達する □特許申請を行う

　このレベル15では、他社が同様の事業に参入してきた時に備えて、競争に打ち勝つための防御壁を築くようにします。

　新規事業の内容が公開されて、収益が上がりそうなことが他社に知られるようになると、否応なしに競合他社の参入を意識することになります。

　儲かりそうだという事業は他社を呼び込みます。競争が激化して収益力が低下する前に何らかの防御策を講じておく必要があります。

　最近の事例を挙げると、キャッシュレス決済のサービスが過当競争に陥るということがありました。政府がキャッシュレス決済の導入を推進したことも影響して、2019年にPayPay、楽天ペイ、d払い、au PAY、LINE Pay、メルペイと、このサービス事業に多くの事業者が一気に参入しました。

　それまで業界をリードしていたオリガミペイは、あっという間に弾き飛ばされて、二束三文でメルカリに事業を譲渡するという憂き目にあっています。

　レベル15で考えるべきことは、事業の安定化と参入障壁の構築であり、事業の安定化に必要なことは資金調達、人材の獲得、販売・流通網の構築、ア

フターサポートなどです。

　参入障壁とは、自社がせっかく立ち上げた市場に外部から侵入されるのを防ぐための施策です。

　それまで、どの企業も自社のような新規事業を行っていなかったはずなのに、自社の成功がわかった途端に参入してくる企業は多数あります。ということは、新規事業の立ち上げ前には存在しなかった競合相手と戦って、勝ち抜いていかなければならないわけです。

　先に、ターゲットにしている市場で大きなシェアを占めてしまい、他社が参入しても意味のない状況を作ることができれば一番楽です。

　例えば、日本におけるインターネット検索業界はYahoo!の検索エンジンもGoogleのものを使っているため、Googleのシェアは9割以上になっています。このような状況で、新たに検索エンジンサービスを始めようとする企業はなかなか現れるはずもありません。

　一方、もの作りなどで工場設備を必要としている場合は、それだけで参入障壁は高くなります。つまり、他社が真似できない技術力は、何よりの強みになります。他社ができないプログラミング、他社が作れないような特別な材料、ある特殊な加工技術など、こうしたことができる人材がいれば、それだけで参入障壁になります。

　そのため、ベンチャー企業の場合は、技術力を持った人材の獲得が一番の悩みの種になります。ある経営者は、この時期自分の時間の8割近くを新規採用の面接時間に取られたと話していました。

　また、特許は他社に技術のノウハウが漏れたとしても、その技術を守ることができるので大きな参入障壁になります。とはいえ、特許があれば絶対ということではなく、訴訟覚悟で勝手に類似する商品を作ったりする企業が現れたり、特許に引っかからない方法を駆使する企業も出てきます。

　したがって、自社でしかこの商品は作れないという自信があれば、特許申請をしないという選択肢もあります。なぜ、こうした方法を取るケースがあるのかというと、特許申請をした場合、その情報は公開されるため、他社も研究をして、申請されていた特許を迂回する方法を思いつく可能性があるからです。

コカ・コーラを販売しているアメリカのザ コカ・コーラ カンパニーは、コカ・コーラの作り方に関して特許を申請していません。特許で作り方を一定期間保護するよりも、永久に作り方を秘密にすることを選んだのです。

　技術力がある企業ほど、「まず特許から」と考えがちですが、リレーショナルスタートアップにおいては、これは最後に考慮すべきことです。

　つまり、いくら他社を意識して参入障壁を先に構築したとしても、このレベル15以前をクリアしていないと、新規事業はスタートすらできません。

　私も以前、広告映像の自動生成に関する特許を申請したことがあり、特許さえあれば事業が立ち上がると勘違いしたことがありました。その結果、特許よりも社会のニーズ、顧客のニーズがなければ事業が立ち上がらないことを痛感させられました。

　先述したように、もしこのレベル15を先にクリアした場合には、これ以前のレベルをクリアできるか1つひとつチェックしてみてください。すべてのレベルがクリアできれば、申請した特許が活きることになります。

　技術力がある企業ほど、特許が事業の成否を分けると信じがちです。しかし、特許などの参入障壁は、守るべき新規事業が立ち上がったあとに必要になるということも忘れてはならないでしょう。

あとがき

　この本は、企画段階から書き終わるまで8年以上かかりました。書き出した当初はこれほど時間がかかるとは思わず、大変な苦労をしました。私がこの本と並行して執筆したビジネス書は約4カ月で書き終えたので、いかに多くのエネルギーをこの本に使ったのかがわかります。

　陥ってしまった失敗は、新規事業に関わるすべての要素を説明しようとしたことです。書き過ぎてしまい、書籍10冊分はあろうかという文章量を1冊にまとめるのに苦労しました。また、理屈よりも「人」を感じることを重視する心理療法と、論理的なビジネスの世界をつなげることは予想以上に困難を極めました。幾度「わかりにくい」と言われたかわかりません。苦労はしましたが、最低限、読者の皆様のお目通しに耐えられる書籍になったのではと思います。

　移り変わりが早いビジネスにおいて、8年前に考えていたことが今でも通用するのかと心配になりましたが、本を読み返してみてもそれほど古い内容になっておらず、安心しました。

　裏を返すと、この8年間、日本の企業にほとんど変革が起きなかったということです。リーマンショック後はスタートアップブームが起き、多くのベンチャー企業が生まれるようになりましたが、社内新規事業は企業体質を変えないまま取り組んでいたように思います。

　経営危機に瀕していたニューヨーク・タイムズは、旧来の紙メディアからデジタルメディアへの変革に成功し、現在も大幅に会員数を増やしています。そのきっかけとなった社内での提言書「Innovation Report」には、記事偏重から、読者開発と組織変革への重要性が説かれています。

　このレポートから伝わってくるのは、従来型の産業であっても、価値を見直し組織を変えれば新規事業によって復活できるということです。

　企業体質を変える覚悟がないと、社内新規事業はなかなか生まれません。それだけに、これを読んでいる皆様の中には組織の壁にぶつかって苦しんでいる方が多くいらっしゃることでしょう。

　そういった方々にとって、この本が少しでもエールになればと願っています。

　最後になりますが、この本は私なりの考えをまとめたもので、これが正解ではなく1つの考えであると思っています。この本で紹介している考えとは違う

考え方に基づいて成功しているケースも数多く知っています。

　どの考え、方法を採用するかは皆さんの選択であり、いろいろと比較しながらご自身に合った道を見つけていくことが、新規事業での答えを得ることにつながります。本書がその一助となることを願っています。

謝　辞

　書籍出版にあたり、新規事業をテーマとした本を書くきっかけをくださった滝啓輔さんに感謝いたします。本を出版する最初のきっかけをいただけなかったら新規事業に関する研究をここまで深められなかったはずです。

　この本はゲシュタルト療法の影響を大きく受けており、私のゲシュタルト療法の師として執筆に関するアドバイスを多くいただいた百武正嗣さんに感謝いたします。

　執筆にあたっては草野伸生さんのご協力なくして、この本は実現しませんでした。私のつたない文章をわかりやすくしていただき、より多くの方に読んでもらえる書籍にしていただきました。

　そして、出版に力添えいただき、遅筆な私のペースに長年粘り強く付き合っていただいた編集者の三橋太一さんに感謝します。私が書きたいように本を書かせていただける幸運はなかなかありません。最後まで信頼してサポートしていただいたことに感謝します。

　家族、特に妻には何年も執筆の相談をし、叱咤激励を受けてきました。途中でこのプロジェクトを投げ出さず最後まで書き終えることができたのも、家族の支えがあったからこそです。

　その他、お名前を全員お書きすることはできませんが、社内新規事業のヒントをくださったクライアントの企業様、インタビューに応じてくださった起業家、新規事業担当者の方々、そしてお会いできなくても、その足跡を残していただいた方々のおかげでこの本につなげることができました。新規事業にチャレンジされている世界中の皆様に感謝します。

　多くの方の新規事業への取り組みと事例があったからこそ、この本を生むことができました。失敗であれ、成功であれ、新規事業にチャレンジされている皆様の情熱に心から感謝いたします。

2021年3月　大槻 貴志

著者紹介

大槻 貴志（おおつき・たかし）

企画経営アカデミー株式会社代表取締役
ゲシュタルト療法士（ゲシュタルト療法学会評議員）
U25スタートアップ起業塾塾長
起業支援プラットフォーム「DREAM GATE」認定アドバイザー

14歳で起業に目覚め、日夜新規事業のことばかり考える「新規事業の中毒者」。
早稲田大学を卒業後、キヤノンに入社。新入社員で工場経営者育成コースに配属され、3年間リーダーシップおよび工場経営に関するトレーニングを受ける。2年目には工場で新製品立ち上げを任され、10万点近い部品調達のために、独自にデータベースシステムを構築する。
キヤノン退社後、2002年にデジタルコンテンツ制作を中心とする企業を設立する。大企業からの引き合いもあり、順調に見えた経営も10年目に組織崩壊を起こし会社は空中分解。営利よりも人間性を中心とした経営の重要性に気づく。
制作業と並行して立ち上げた、学生に企画を教える塾からは『日経ビジネス』に取り上げられる起業家など、シリコンバレーはじめ国内外で活躍する起業家を輩出する。30代で東証一部上場企業の部長に就任したり、新規事業を任される卒業生も多数現れ、塾の成果を実感する。
2008年に塾で得た知見をもとに企画経営アカデミー株式会社を設立し、本格的に新規事業の支援事業を始める。個人支援では現在までに3,000人以上の起業志望者と会い、300人以上の支援を実施。法人向けには組織開発のサービスを実施。組織が変わらなければ新規事業は生まれないという理念のもと、単なる新規事業のコンサルティングではなく、人材と組織の成長を通した新規事業の支援を行っている。
モットーは人間性中心の事業創造支援で、イノベーションを誰もが起こせる社会を目指している。

社内新規事業コンパス
イノベーションを起こすための
［リレーショナルスタートアップ］の技法

2021年4月20日　初版　第1刷発行

著　者	大槻 貴志	
発行者	片岡 巌	
発行所	株式会社技術評論社	
	東京都新宿区市谷左内町 21-13	
	電話　03-3513-6150　販売促進部	
	03-3513-6166　書籍編集部	
印刷／製本	日経印刷株式会社	

定価はカバーに表示してあります。

本書の一部または全部を著作権法の定める範囲を超え、無断で複写、複製、転載、テープ化、ファイルに落とすことを禁じます。

編集協力■草野伸生
カバーデザイン■bookwall
本文デザイン＋レイアウト■矢野のり子＋島津デザイン事務所
本文イラスト■中山成子

本書は情報の提供のみを目的としています。本書の運用は、お客様ご自身の責任と判断によって行ってください。本書の運用によっていかなる損害が生じても、技術評論社および筆者は一切の責任を負いかねます。
本書の内容に関するご質問は、弊社ウェブサイトの質問用フォームからお送りください。そのほか封書もしくはFAXでもお受けしております。本書の内容を超えるものや個別の事業コンサルティングに類するご質問にはお答えすることができません。あらかじめご了承ください。

〒162-0846
東京都新宿区市谷左内町 21-13
（株）技術評論社　書籍編集部
『社内新規事業コンパス』質問係
FAX　03-3513-6183
質問用フォーム　https://gihyo.jp/book/
　　　　　　　　 2021/978-4-297-11989-8